AUGUSTE CHIRAC

INTRODUCTION

A LA

SOCIOMÉTRIE

Vulgariser la Sociométrie est une œuvre de pacification universelle.

L'auteur.

PARIS (5e)
V. GIARD & E. BRIÈRE
Libraires-Éditeurs
16, RUE SOUFFLOT ET 12, RUE TOULLIER
1905

INTRODUCTION

A LA

SOCIOMÉTRIE

OUVRAGES DU MÊME AUTEUR

La haute banque et les révolutions 1876. Nouvelle édition revue et augmentée, 1888. 1 vol. . . 3 50

Les mystères du crédit, 1 vol. 1876. . . . . 2 50

Les Rois de la République (histoire des juiveries) 1883. Nouvelle édition annotée. 1888. Les 2 volumes . . . . 7 »

La prochaine révolution. 1886, 1 vol 2 50

La vénalité dans le journalisme. Broch. 1887. . 0 25

L'agiotage sous la troisième république. 14 planches coloriées. 1888 5e édition. Les 2 volumes 7 »

Les pots de vin parlementaires. Broch. 1888. . . 0 50

L'infamie (3e partie des rois de la république), 1889, 1 vol 3 50

Où est l'argent ? (les faux bilans de la banque de France), 1891. 1 vol. 3 50

Si. . . Etude sociale d'après demain, 1893, 1 vol. 3 50

Le droit de vivre. 1896, 1 vol. 3 50

La France vendue aux étrangers, 1902, broch . . 0 15

AUGUSTE CHIRAC

INTRODUCTION

A LA

SOCIOMÉTRIE

Vulgariser la Sociométrie est une œuvre de pacification universelle.

L'auteur.

PARIS (5e)

V. GIARD & E. BRIÈRE

Libraires-Éditeurs

16, RUE SOUFFLOT ET 12, RUE TOULLIER

1905

INTRODUCTION A LA SOCIOMÉTRIE

« Vulgariser la Sociométrie est une « œuvre de pacification universelle ».
L'auteur.

Au Lecteur.

Depuis que j'ai provoqué, auprès des pouvoirs publics, la création d'une chaire de *Sociométrie*, on me fait observer de toutes parts, que les éléments de cette science se trouvent éparpillés dans plusieurs de mes ouvrages et qu'il est indispensable de les réunir en un corps de doctrine, mis à la portée de tout le monde.

Je travaille depuis plusieurs années à un traité complet. Mais cet ouvrage comporte de grands développements et ne pourra être, en fait, absolument compris, qu'à la suite des cours que je souhaite de voir créer.

Je défère donc à l'invitation qui m'est faite, et je donne au public un résumé précis et aussi clair que possible des éléments sur lesquels repose la Sociométrie.

Voici le texte de la lettre adressée au Conseil municipal de Paris :

A Messieurs les membres du conseil municipal de Paris
A l'Hôtel-de-Ville, Paris

Messieurs,

J'ai l'honneur de vous proposer de créer à Paris, soit près de *l'école de droit* soit près d'une institution, comme, par exemple, *l'école des arts et manufactures,* soit telle autre institution qu'il vous plairait de choisir, suivant les précédents qu sont indiqués aux chapitres 18 et 19 du budget municipal — dépenses ordinaires — une Chaire de sociométrie.

La sociométrie, vous le savez, est « la science de mesurer l'état social des peuples » et, par conséquent donne les moyens de relever les erreurs commises en sociologie ou en économie politique et sociale.

C'est une science nouvelle. Elle fut inaugurée au congrès de Rome en 1887, par un professeur Viennois, illustre, M. de Neumann Spallart ; mais le droit de la France à réclamer *la priorité,* pour la création de cette science, a été reconnu dans la séance du 16 juillet 1890, tenue au *conservatoire des arts et métiers.*

On lit, en effet, dans le journal de la *Société de statistique de Paris* (livraison d'octobre 1890, page 299) une communication de M. de Foville dont voici un extrait : « A la session d'avril « 1887 de *l'institut international de statistique* tenu à Rome, « M. F. X. de Neumann-Spallart « aspirait » à mesurer les « variations de l'état économique et social des peuples et « déclarait qu'avec l'espèce de baromètre statistique qu'il « *rêvait,* on pourrait tenter des prévisions ou, tout au moins, « mettre en lumière l'enchaînement réciproque et l'étroite solidarité des phénomènes de l'ordre économique social et « moral... »

« Les recherches de M. Chirac sont antérieures au congrès « de Rome. Dès 1885 il se sentait en mesure de tenter des prévisions comme M. de Neumann-Spallart...

« M. Chirac, lui, dit : *La Sociométrie,* et le mot, quoiqu'un « peu solennel me paraît assez heureux ».

Or jamais plus qu'aux heures actuelles où tant de réformes

sont agitées, il n'a été nécessaire de mettre en relief et de populariser les conclusions d'une science positive permettant de contrôler la répercussion des phénomènes économiques qui ont sur l'avenir des nations une si puissante influence.

Jamais aussi l'outillage statistique n'a été aussi perfectionné et, par suite, jamais on n'a possédé plus de moyens de dégager la vérité exacte des susdits phénomènes.

Rendre clairement compréhensible à tous cette vérité ; démontrer qu'elle a tout à perdre à être mêlée à des intrigues politiques de partis ou de sectes ; prouver que changer les hommes ne sert à rien si on ne perfectionne pas le mécanisme du rouage social ; fournir les moyens de perfectionner ce mécanisme, de contrôler les effets et les causes ; universaliser la faculté de discerner *l'utopie* et de constater le *réalisable* ; tel serait l'objet des cours qui seraient professés dans la chaire de Sociométrie.

C'est comme étant le véritable initiateur, en France, de la science Sociométrique, que je m'offre pour inaugurer la chaire nouvelle.

Je donne ci-dessous, le programme des cours tel qu'il figure dans les imprimés de *L'Université nouvelle de Bruxelles* (Ecole libre internationale d'enseignement supérieur) à laquelle je l'ai déjà communiqué, et enfin j'invoque à l'appui de ma demande, les différents ouvrages que j'ai publiés, tous exécutés sur les bases que fournit la science sociométrique et dont je donne plus loin la liste complète.

Je vous prie d'agréer, Messieurs les conseillers municipaux, l'expression de mon entier dévouement.

AUGUSTE CHIRAC.

Programme : 48 leçons.

I. — Possibilité de mesurer les solidarités sociales. — Moyens d'investigation. — Les statistiques. — Les corrections et les proportions.

II. — Les définitions. — Les mots et les idées. — La sociométrie est une science exacte. — Les essais de mensuration au congrès de Rome en 1887.

Ouvrages plus haut invoqués : « *La haute banque et les révolutions* (1876). — *Les Mystères du crédit* (1876). — *Les Rois de la République* (2 vol. 1883). — *La prochaine révolution* (1886). — *L'agiotage sous la troisième République* (2 vol. 1888) — *Où est l'argent ?* (1891). — *Si ...... étude psychologique et sociale d'après demain* (1892). — *Le droit de vivre* (1895).

Paris, juin 1905.

1. — DÉFINITIONS

« Mesurer les variations de l'état économique « et social des peuples, tenter des prévisions... « et mettre en lumière l'enchaînement réciproque « et l'étroite solidarité des phénomènes de l'or- « dre économique social et moral... »

Tels sont les termes dont M. le professeur F. X, de Neumann-Spallart s'est servi à l'Institut international de Statistique réuni à Rome en avril 1887, et tel est en réalité le résumé exact de l'objet que se propose la Sociométrie.

Comme le mot l'indique, il s'agit de mesurer les *mouvements sociaux* ; et comme ces mouvements se répercutent entre eux, le vrai sens du mot Sociométrie serait mieux exprimé par ceux-ci : « Mesure des solidarités ».

C'est d'ailleurs l'exacte traduction du mot « Sociométrie ».

Les esprits qui jugent superficiellement s'étonneront, sans doute, de voir arriver le *chiffre* dans des questions qu'on est habitué à résoudre empiriquement, avec des phrases de rhétorique et des impressions philosophiques.

Mesurer des *solidarités !* mesurer des *mouvements sociaux* et même moraux ! leur paraîtra, peut-être, une entreprise folle.

Qu'ils se rassurent.

Ceux qui connaissent l'*harmonie*, leur diront que le chiffre y règne en maître ; qu'il y est une concrétion admirable des *sensations* préparées et réalisées.

Que les espaces entre les *tons*, ne sauraient être mieux mesurés.

Que les mystères harmoniques de la quinte augmentée ou de la septième diminuée ne sauraient être mieux et plus vite exprimés que par le chiffre, surtout quand on considère qu'un *ton* musical bien que contenant deux *demi-tons*, n'est nullement composé de deux *parties égales* (le premier *demi-ton* — le diatonique — comprenant quatre commas, pendant que le second *demi-ton* — le chromatique — comprend cinq commas) et que, sans les chiffres, on ne parviendrait pas à s'entendre.

La phrase embrouille, le chiffre éclaire.

Hé bien, le chiffre joue, dans la *sociométrie*, le même rôle que dans l'*harmonie musicale*.

Avec lui on peut arranger, dans la musique sociale, les accords et les désaccords avec les demi-tons inégaux, et parvenir à trouver comment il faut appliquer l'harmonie afin que : « tout « homme soit assuré de trouver toujours, en « échange du plein quel qu'il soit de sa produc-

« **tion, le plein quel qu'il soit de sa consom-**
« **mation** ».

Et ce sera tout simplement l'*art de vivre !*

La science fait découvrir la vérité, l'art permet d'en jouir ; c'est encore et toujours le rôle de l'harmonie, qui est une science, dans la musique qui est un art.

Ce sera le rôle de la sociométrie, qui est une science, dans l'organisation de la vie, qui est un art.

Toute la clarté de cette assimilation se retrouvera dans l'énumération des choses à mesurer et des moyens de les mesurer.

Mais avant de pénétrer dans l'énumération des éléments de ces diverses mensurations, il est nécessaire de donner un exemple des résultats qu'il est possible d'obtenir.

Pour fixer les idées et, en même temps, les dégager de toute préoccupation locale ou nationale, pouvant aboutir à des comparaisons politiques, je vais prendre un espace géographique hypothétique, pouvant exister réellement dans n'importe quel pays de l'Europe, et indiquer les constats qu'une statistique soigneuse peut toujours relever et contrôler.

2. — UN EXEMPLE

Nous prenons donc une zone géographique mesurant, par exemple, 30 millions d'hectares. Nous admettons que sur ce territoire vit une population de 30 millions d'êtres.

Nous nous documentons en prenant des statistiques relevées périodiquement et nous nous trouvons en face de trois périodes que nous désignerons simplement sous les noms de : Période A, — Période B. — Période C.

Nous dressons alors le tableau suivant, en faisant observer que les indications chiffrées sont prises à la fin de chaque période laquelle a duré 20 ans.

Aucune des données que nous allons réunir n'est issue d'un calcul. Toutes sont celles que des agents officiels ont relevées directement et consignées dans les registres d'une collectivité géographique, nationale, si l'on veut, occupant le territoire que nous avons désigné par un nombre précis d'hectares et un nombre précis d'habitants.

Voici le tableau en question :

	PÉRIODE A	PÉRIODE B	PÉRIODE C
Population	27.000.000	30.000.000	31.500.00
Capitaux successoraux.	2.190.000.000	2.310.000.000	5.078.700.00
Décès	607.500	638.900	715.10
Naissances.	661.500	738 000	762.30
Surface du territoire (hectares).	30.000.000	30.000 000	30.000.00
Surface bâtie (hectares)	18 000	20.000	20.00
Cube des maisons (M³)	1.080.000 000	1.200.000.000	1.200.000.00
Commerce extérieur (fr.).			
Importation	1.125.000.000	1.250.000.000	1.200.000.00
Exportation	1.125.000 000	1.250.000.000	800.000.00
Alimentation			
Pain et viande (kilogs).	14.783 000.000	16.425.000.000	15.500.000.00
Vin et lait (litres)	14.783.000.000	16.425.000.000	14.500.000.00
Monnaies stock (fr.).	9.000.000.000	10.000.000.000	8.500.000.00
Budget (fr.).	1.350.000.000	1.500.000.000	2.600 000.00

Sur les onze chapitres de statistique dont nous venons de donner les chiffres, neuf sont d'usage courant chez presque toutes les nations Européennes. Deux seulement sont à créer : le cube des maisons (et on conviendra que l'exécution de cette opération n'offre aucune difficulté), et la quantité de l'alimentation.

Pour établir les chiffres de cette dernière statistique, nous avons eu recours aux données de la science expérimentale.

Cette science nous dit en effet que le volume moyen d'un être humain, peut être calculé à 37 décimètres cubes 1/2 de viande vivante.

Que pour entretenir complètement la vie et la force dans ces 37 décimètres cubes 1/2, il est nécessaire de leur faire absorber quotidiennement 5 décimètres cubes de matières protéiques, amylo-sucrées et grasses, ce qui représente 13,33 0/0 de leur volume net.

La même science nous apprend que les 5 décimètres cubes de matières nutritives ci-dessus indiquées sont contenus dans : 1 kilog de pain, 1/2 kilog de viande, 1 litre de vin et 1/2 litre de lait, le tout pour une seule journée.

C'est sur ces bases que nous avons établi la consommation en pain, viande, vin et lait pour la population initiale de l'époque A.

L'accroissement indiqué par les chiffres de l'époque B ont été fournis par l'augmentation de la population. Quant aux chiffres réduits de l'époque

C, nous les avons supposés, comme étant la conséquence logique des perturbations indiquées par les autres chiffres et les réductions indiquées sont en outre des plus vraisemblables.

Mais nous rappelons que nous voulons ici donner simplement *un exemple* des conclusions que l'on peut extraire des enseignements de la statistique, et que nous aurons ensuite, constamment, à opérer sur des données vraies, prises notamment dans les documents du gouvernement Français.

Ceci dit, que le lecteur veuille bien lire attentivement le tableau des trois époques A. B. C.

En comparant les chiffres de A avec ceux de B, il s'apercevra, aisément, que les progressions y sont uniformes et que toutes sont conformes au développement de la population, d'où un équilibre parfait plaçant la nation dans la même situation à la fin des deux époques A et B. Mais il n'en est plus de même quand on compare B et C. Ici, la population a augmenté, il est vrai, mais dans des proportions moindres que précédemment. Le coefficient annuel de l'augmentation de B sur A était : 1,00.526 ; celui de C sur B n'est plus que de : 1,00.244.

Ce coefficient est obtenu de la manière suivante : Population *fin.* C : 31 millions ; population *fin* B : 30 millions ; période 20 an. : — $R = \sqrt[20]{\frac{31,5}{30}}$.

Les décès ont augmenté, bien plus que ne l'autorisait l'accroissement de la population. Le coefficient de B était 2,23 0/0 de la population, celui de C arrive à 2,27 0/0 aussi de la population. Et ce mouvement a influé sur celui des capitaux successoraux.

Les surfaces bâties et le cube des maisons n'a pas varié ; mais comme la population a augmenté ; si faible, par rapport au passé, que soit cette augmentation, elle n'en a pas moins eu pour effet d'empiler, dans un même espace, un plus grand nombre de poitrines. *En période B* on avait encore 40 M³ pour chaque poitrine, en *période C* chaque poitrine ne dispose plus que de 38 M³ 09. Hygiène inférieure, facilitant les maladies et préparant de nouvelles réductions dans les naissances ; des accroissements dans les décès ; ralentissant l'accroissement annuel de la population. Et, encore, nous supposons que tous les êtres ont été à couvert. Mais il a pu se faire que bon nombre aient été sans asile.

Le commerce extérieur a diminué. Les exportations, qui égalaient les importations, sont devenues inférieures à celles-ci. Il a fallu payer, en espèces, la différence et par suite diminuer le stock monétaire. Ce stock lui-même ayant à subir un budget augmenté, a été de plus en plus insuffisant et l'impôt est rentré plus ou moins complètement. D'où des exécutions et des expulsions.

L'inégale augmentation de la population et du budget a aussi créé cette situation que la charge, par tête, qui était de 50 francs par an à *l'époque B*, atteint 63,49 à *l'époque C*.

La quantité des matières alimentaires a aussi diminué, tant par l'insuffisance des terres emblavées, remplacées par des terres de luxe ou d'agrément, que par suite des accidents climatériques ; et les achats à l'étranger ont pu ne pas suffire.

La diminution en pain et en viande a privé 3.190.000 personnes de leur alimentation en pain et viande.

Il en a été ainsi pour le lait et le vin et, de ce chef, 5.016.000 personnes ont manqué de cette portion de leur nutrition.

Moins de produits pour plus de demandes, a créé une hausse, influant sur tous les échanges, et grevant tous les autres produits.

Voilà donc, à la fin de la *période C*, près de 12.000.000 d'êtres furieux de leur misère ou de leurs simples privations, furieux également de l'accroissement des frais généraux, comme aussi de l'abaissement du taux de l'intérêt.

Les colères se coalisant, malgré l'antagonisme des intérêts, un mouvement d'insurrection s'est produit et cette fin de *l'époque C* se trouve marquée par un renversement des organismes gouvernementaux, ayant si mal géré les intérêts de la collectivité, et le remplacement de ces organismes, par d'autres, promettant de faire mieux.

Voilà donc une catastrophe survenue au bout de vingt années.

Est-ce à dire qu'il était impossible de la prévoir ?

Est-ce à dire qu'en suivant annuellement la marche des divers coefficients résumant la vie nationale, on aurait été impuissant à constater la menace d'une grande désorganisation ? C'est ce que nous allons rechercher.

3. — PRINCIPES SCIENTIFIQUES

La Sociométrie s'occupe, tout d'abord, de la vie matérielle.

Non pas qu'elle se juge incompétente à analyser les mouvements de la pensée humaine, mais elle a remarqué qu'il n'y avait aucune pensée dans un cadavre, que le mouvement de la vie préexiste toujours au mouvement de la pensée, que la vie engendre et varie la pensée ; c'est pourquoi elle considère que sa première étude doit porter sur la vie humaine, la vie des collectivités nationales et mondiales.

C'est donc en présence des 37 décimètres cubes 1/2 ou, pour éviter la fraction, devant les 37.500 centimètres cubes de viande vivante, qu'elle se place tout d'abord.

En sa qualité de *matière*, ce cube de viande vivante est naturellement soumis à toutes les lois physiques et chimiques que les sciences expérimentales ont formulées.

Ces lois, quelles que soient les volontés émises par l'être, ces lois lui sont inviolables.

Que l'être le veuille ou non, toutes les formules

qui régissent en physique, les forces, l'équilibre, les chutes, les mouvements uniformes ou variés, la pesanteur, et par suite les densités et les volumes, les attractions moléculaires et les répulsions, toutes ces formules le dominent et ce n'est qu'en obéissant à d'autres formules résultant de combinaisons artificielles, qu'il peut modifier les conséquences de sa propre nature matérielle.

Dès lors, il est logique d'admettre à l'égard des 37.500 centimètres cubes (capacité moyenne de l'être, en viande vivante), que les mêmes causes produiront sur eux les mêmes effets ; que ce qui est vrai, pour les 37.500 centimètres cubes, est vrai, également, pour 37 millions de centimètres cubes...., par conséquent pour une masse d'individus.., pour une collectivité nationale ou mondiale,

Il est logique d'admettre, également, que l'intensité de la vie agit sur l'intensité de la pensée ; que la pensée procédant de l'ordre physique et composant l'ordre moral, rend solidaires les deux ordres d'action ou de réaction. Qu'il est donc acquis que l'ordre moral procède de l'ordre physique, parce qu'il n'y a pas de vie morale sans vie physique.

Que, par conséquent, l'ordre moral est complémentaire à l'ordre physique.

Que, par suite, les manifestations de l'un ou l'autre des deux ordres, comportent des coefficients, susceptibles de mesurer l'*intensité* de leurs mouvements réciproques,

Pour la Sociométrie, la vie n'étant que de la matière en vibration, l'intensité de cette vibration est commensurable.

Dans l'ordre moral, tel que nous l'avons défini, se trouve ce constat : l'être est conservateur de sa vie ; par suite, la masse humaine est conservatrice de son existence. Vivre est en même temps une fonction, par rapport à la collectivité, et un but par rapport à l'individu.

Et enfin un but est toujours une cause permanente.

A côté, de ces constatations d'une nature scientifique, une enquête historique amène d'autres constatations de faits :

Du but de vivre, de la volonté énergique de conserver leur vie, les hommes ont fait sortir des masses de suppressions d'êtres.

Ce qu'ayant constaté, la Sociométrie se demande :

Pourquoi d'un but constant de vie en masse, *cause d'action*, on voit sortir des effets périodiques de mort en masse, *résultat d'action* ?

Entre la vie en masse, but permanent et la mort en masse, résultat périodique, il y a certainement un enchaînement de faits solidaires, un lien logique.

S'il y a un lien logique, on peut isoler ce lien, l'analyser, connaître sa nature et les conditions de sa formation.

Une fois ce lien connu, il devient possible de le

mesurer, de remonter à ses attaches et de prévoir ses aboutissants.

Par conséquent, il est possible de corriger les faits intermédiaires.

C'est l'indication des corrections à opérer, pour faire cesser les antagonismes, que la Sociométrie a le devoir et les moyens de formuler.

4. — LES INDICES

Toute la vie humaine, c'est-à-dire tous les faits qui mettent la matière humaine en vibration, sont renfermés dans ces deux termes : Produire et consommer.

Logiquement la seconde de ces deux opérations suffirait à alimenter la vie ; mais comme la consommation ne s'offre pas d'elle-même, comme il faut, par une série d'efforts, l'arracher aux forces naturelles qui la détiennent, la production est devenue l'opération primordiale.

Bien mieux : l'enchevêtrement des antagonismes entre les forces humaines et les forces naturelles, les constantes solidarités que ces forces ont entre elles, ont créé une sorte de loi scientifique inexorable et inviolable par l'être humain, loi qui se résume dans cette double conséquence :

Il faut produire pour consommer.

Il faut consommer pour produire.

Il est inutile d'aller plus loin pour faire ressortir l'importance primordiale que la Sociométrie attache à tout ce qui concerne la production et la consommation

La production s'exerce au moyen des efforts de la masse humaine sur l'ensemble des matières contenues dans les « choses » de la nature.

D'une façon simpliste, les bras humains et la terre, résument complètement l'effort et la résistance, par conséquence le résultat et l'usure.

Mais les complications de ce qu'on a appelé : « la civilisation », ont multiplié les appellations et sous le nom de *capitaux* on a compris *tout ce qui est le champ où s'exerce l'effort humain*, de telle sorte que pour qualifier les forces de production il suffit de considérer les *capitaux* et la *population*. Les capitaux comprenant dès lors les terres, les constructions de toutes natures, les outillages, etc.

Mais nous ne comprenons pas parmi les capitaux, justement ce que l'on est plus particulièrement disposé à appeler de ce nom ; c'est-à-dire les valeurs financières, les titres de créances et les monnaies de métal ou de papier.

Et quand nous aurons à nous occuper des chiffres représentatifs des capitaux, nous considérerons les valeurs mobilières représentées par des papiers, comme étant simplement une majoration de la valeur attribuée spécialement aux terres, maisons, outillages, etc., ayant une existence matérielle et servant à la production.

Passons à la *Consommation*.

La consommation s'exerce par l'intermédiaire d'une répartition, organisée au moyen des échanges entre produits. Les forces de consommations se mesureront par conséquent, sur la *population* et la *quantité des moyens d'échange*.

La série des rapports qui seront constatés par le calcul, entre les forces de production : capitaux, population et les forces de consommation : moyens d'échange, population, fourniront des « INDICES » exprimant les changements survenus d'une période à une autre, dans les forces de production et les forces de consommation... par conséquent la VIE d'une collectivité.

En outre, ces *indices expérimentaux*, rapprochés d'autres *indices normaux*, obtenus par l'application des règles scientifiques, à l'établissement et au maintien de l'équilibre vital, permettront d'apprécier à quel point la pratique des faits aura violé les conditions que la science aura formulées.

En somme : pour la Sociométrie établissant les bases de ses investigations, une nation de 30 millions d'hommes ne représente que onze cent vingt-cinq mille mètres cubes de viande vivante, à la vie desquels il faut assurer, chaque année, la consommation de cinquante-quatre millions sept cent cinquante mille mètres cubes de matières nutritives en quintessence, — comme je l'ai expliqué plus haut, — lesquels peuvent être contenus dans des milliards de mètres cubes de matières diverses, sur lesquelles l'effort humain a été obligé de s'exercer.

Il s'agit maintenant de rechercher comment il faut calculer les *indices*, c'est-à-dire comment il faut savoir manier les statistiques.

5. — LES STATISTIQUES

La Sociométrie n'a pas à se préoccuper de savoir si les statistiques donnent des chiffres absolument conformes à la réalité.

Par exemple : si un *recensement de population* donne, à une unité près, le nombre exact des habitants d'un pays. Elle n'envisage que des rapports entre nombres, et une erreur, en plus ou en moins, fut-elle de 500 têtes ou même de mille têtes, serait absolument négligeable.

Prenons le rapport 2,25, obtenu en divisant 33.750.000 par 15.000.000. Hé bien, pour que ce rapport soit altéré de façon à tomber à 2,24.9, il faudrait que le diviseur fut 15.006.000, soit *six mille de plus* que le diviseur précédent.

Pour le nombre des habitants d'un pays, on le voit, les recensements tels qu'ils sont donnés et le jeu des naissances et des décès entre deux recensements, suffisent amplement à servir de bases aux comparaisons.

Les *naissances et les décès*, eux-mêmes, sont moins sujets à des erreurs considérables ; de telle sorte qu'on obtient un mouvement annuel, d'une régularité suffisante, pour pouvoir en tirer des conclusions sérieuses.

Les statistiques des *moyens d'échange* sont plus délicates à manier. Il est certain que les chiffres publiés par le ministère des finances, sont absolument faux. Mais il en est ainsi de tous les chiffres concernant les stocks monétaires, publiés depuis une centaine d'années. La Sociométrie les prend tels qu'ils sont ; et ainsi que je l'ai déjà dit, comme elle ne s'occupe que des *variations*, et, par suite, des rapports entre les chiffres publiés à divers intervalles, les erreurs mêmes qui ont pu être commises entrent comme éléments dans les résultats à obtenir.

Au surplus quand nous nous occuperons de l'évaluation des capitaux, on verra qu'il est absolument nécessaire de prendre les chiffres tels qu'ils sont donnés.

A la monnaie frappée, nous devons ajouter les billets de banque non couverts, pour obtenir un total théorique des moyens d'échange. Mais là nous avons les bilans de la banque de France, et si l'on peut discuter la réalité de son encaisse métallique, on peut accepter, comme vrai, le montant de la circulation des billets.

Dans la série des statistiques que nous prenons telles quelles parmi les publications officielles du gouvernement, se trouve l'évaluation des *capitaux successoraux*.

Cette évaluation résulte de faits matériels, elle a été l'objet d'une discussion contradictoire entre les héritiers et le fisc, on peut donc l'admettre comme suffisamment exacte.

Enfin, toujours dans la série des statistiques que la Sociométrie prend telles qu'elles lui sont offertes, figurent les mouvements du *commerce extérieur* (importations et exportations). Par rapport à la réalité, ces relevés sont peut-être insuffisamment précis ; mais, encore une fois, comme ils sont exécutés toujours de la même façon, comme la Sociométrie ne s'occupe que de *mesurer les rapports* et les *variations*, elle les accepte tels qu'on les lui donne et en tire les mêmes conclusions que des stocks, des successions, etc. Il en est de même pour les *budgets*.

Ajoutons, pour être complet, que les statistiques géographiques nous donnent d'autre part avec une grande exactitude, les surfaces des territoires, soit nationaux, soit départementaux (arrondissements, villes, etc...) et que nous pouvons toujours calculer, avec précision, la densité d'une population à étudier.

Dans les statistiques que je viens d'énumérer, la Sociométrie possède déjà tous les éléments nécessaires à mesurer l'*intensité des forces de consommation*, c'est-à-dire la densité des populations actionnant le total des moyens d'échange.

Mais elle ne possède pas encore le moyen de mesurer l'*intensité des forces de production*, c'est-à-dire, la densité des populations actionnant le total des capitaux nationaux.

Et en effet aucune statistique ne fournit officiellement le montant total des capitaux existant dans un pays.

On est donc obligé de recourir à un calcul spécial.

Mise en possession du nombre des décès annuels, et du montant des capitaux changeant de mains, à cause de ces décès, la Sociométrie fait le raisonnement suivant :

La masse des décédés n'est pas autrement composée que la masse des survivants.

Il y a, là, pêle-mêle des hommes, des femmes, des enfants ; des possédants gros, moyens et petits ; des salariés et des dénués. En conséquence si tel nombre de décès a fait mouvoir telle somme de capitaux, quelle somme de capitaux ferait mouvoir le décès de la population toute entière ?

Ce raisonnement s'exprime par la formule suivante : $\frac{p \times s}{m}$

Et se traduit ainsi : Pour une même année, l'évaluation du capital global d'une nation déterminée, s'obtient en multipliant le montant total des capitaux successoraux (s) par le chiffre de la population (p), en divisant le tout par le nombre des décès (m).

Nous verrons plus loin que ce mode de calcul a donné pour l'année 1881, par exemple, la somme de 223 milliards 1/4, en chiffres ronds, comme valeur globale des capitaux.

Ce chiffre, qui est sensiblement pareil à celui que, par des méthodes fort discutables, les économistes de l'ancienne école s'efforcent de calculer, ce chiffre est évidemment absurde. Quelle que soit leur masse, les valeurs ont un critérium de possibilité : c'est l'*échange*. Or comme il n'existe pas dans le monde entier assez de monnaie d'or et d'argent, pour payer 223 milliards, il est clair que l'évaluation que nous venons d'enregistrer est purement théorique et ne correspond à aucune réalité. Il n'en est pas moins vrai qu'en faisant, chaque année, la même opération avec les données successivement offertes par les statistiques, on obtient une série de sommes variables, et qui comparées entre elles, puis avec la série des *budgets* de l'état, puis avec les *moyens d'échange* exprimés par les *stocks monétaires complétés par les billets de banque*, amènent à des constatations extrêmement impressionnantes, parce qu'elles sont avérées par des faits matériels *que nous voyons*.

Comme point de départ de la valeur accordée aux capitaux globaux de la France, nous n'avons absolument que l'évaluation de 1790, soit 30 milliards.

Hé bien, si à ces 30 milliards, représentant spécialement les *capitaux fonciers* on ajoute *tous les budgets définitifs* jusqu'en 1881, on obtient une somme à peu près exactement égale à la partie qui, dans les 223 milliards ci-dessus, exprime l'évaluation des *capitaux fonciers*.

Les annuités successorales sont, en effet, subdivisées en successions *immobilières* et successions *mobilières*, ce qui permet de distinguer les deux évaluations.

Et nous disons que les égalités sont *approximatives*, parce que en pareille matière on ne saurait obtenir des chiffres d'une précision mathématique.

Il nous suffit que deux méthodes différentes aboutissent à des résultats n'ayant entre eux qu'un écart de quelques millièmes ou même de quelques centièmes, de l'unité adoptée, pour affirmer qu'il y a égalité suffisante, faisant fonction de contrôle et de vérification, à l'appui d'un principe déterminé.

Voici encore une preuve de l'intime solidarité qui lie les mouvements budgétaires, avec ceux des capitaux immobiliers.

Que l'on prenne, par exemple, le budget définitif de 1830 et qu'à ce budget on ajoute une somme calculée à raison de 3 0/0 sur l'accroissement des capitaux immobiliers indiqués par les annuités successorales de 1830 à 1885 et on obtiendra *presque exactement*, le montant du budget de 1885.

L'évaluation globale annuelle des capitaux nationaux, tirée des annuités successorales, par la méthode que nous venons d'expliquer, est donc manifestement chargée de majorations fictives, mais absolument *systématiques*, c'est pourquoi nous devons l'accepter, parce que, pour lui appliquer les moyens d'échanges exprimés par les stocks monétaires annuels et en calculer les rapports réciproques, nous devons prendre des *valeurs établies dans les mêmes conditions*. En effet, pour point de départ des stocks monétaires, nous en sommes réduits à accepter, à partir de 1790, les indications correspondantes à la mise en pratique du système décimal et à admettre qu'à travers le désordre des assignats il y a eu toujours, un rapport logique entre les frappes annuelles et le service des capitaux. Or les publications officielles donnent uniquement le total des frappes effectuées depuis 1790, en se contentant de déduire les démonétisations, mais sans se préoccuper des disparitions, et des fuites à l'étranger qui réduisent considérablement le stock théorique.

Il n'en est pas moins vrai que ces chiffres, faux en eux-mêmes, nous fournissent, par leur comparaison, des variations correspondant à des changements vrais.

On verra plus loin, comment ces variations révèlent la diminution systématique et non arbitraire qui conduit à l'abaissement du taux de l'intérêt... et à d'autres faits dont la réalité n'est pas discutable, parce que nous la constatons chaque jour, la voyant sortir d'une façon tout à fait inattendue, de rapprochements dont, jusqu'ici, on n'avait pas soupçonné la portée et les conséquences.

Or, c'est en cela, surtout, que les études Sociométriques acquièrent une importance tout à fait exceptionnelle.

Mais avant d'aller plus loin, il est nécessaire d'indiquer les formules auxquelles il faut soumettre les statistiques, afin de pouvoir mesurer les conditions économiques.

6. — RÉDUCTION EN FORMULES

Résumons et précisons :

Une nation comprend un nombre déterminé d'individus, vivant sur un territoire exactement délimité ; les statistiques officielles font connaître les mouvements GLOBAUX ; il s'agit d'établir le rapport : 1° Entre les consommations individuelles et la consommation générale ; 2° entre les productions individuelles et la production générale ; donc de mesurer, aussi exactement que possible, l'action mutuelle des *consommations* et des *productions*.

Les éléments constitutifs de la production comprennent, certainement, un effort et un moyen ; le premier étant appliqué au second, leur mutualité se résume par un mot : le travail.

Comme moyen, nous trouvons, tout d'abord, le territoire même de la nation, c'est-à-dire toutes les terres, toutes les constructions, tous les outillages, instruments et objets quelconques.

Comme effort, nous trouvons immédiatement la population elle-même, qui met en usage ou en activité, l'ensemble des *choses* ci-dessus énumérées.

Or, cet ensemble de choses a reçu un nom : les économistes les ont appelées des *capitaux*.

Quant à ce qui est engendré par le travail, on le désigne sous le nom de *produit*.

En réalité donc, il s'agit de mesurer d'abord les *capitaux*, ensuite les *produits*.

*
* *

Unité des mesures. — Recenser la population, métrer la surface des terres, cuber les constructions, nombrer les outils, agencements, etc., tout cela donnerait, assurément, un aperçu de l'importance des capitaux, mais il serait absurde d'en composer un chiffre global, parce qu'il n'est pas possible d'additionner des unités de nature différente.

Ajouter un nombre d'hommes à l'étendue d'une surface, au volume d'une construction et à une quantité d'outils, ne donnerait aucune synthèse chiffrée intelligible.

Aussi une convention s'est-elle établie, pour représenter la quantité des utilités échangées entre les individus ; par cette convention, on a déterminé la forme, le poids et le nom d'un morceau de métal — l'argent — et on l'a appelé : *franc*.

Dès lors, le franc est devenu le nom d'une mesure commune à *toutes les utilités échangées*.

Une surface de terre représente *tant* de *francs* ;

Un cube de construction représente *tant* de *francs* ;

Un outil, un instrument représentent *tant* de *francs* ; etc...

Je dois faire remarquer ici qu'à dessein, je ne me sers pas du mot *valeur*.

Pour le moment, peu m'importe que la représentation d'une utilité échangée soit, théoriquement ou scientifiquement, logique, sincère, exacte ; je constate, purement et simplement, ce qui existe en fait.

Or, *capitaux* et *produits* ayant été ainsi ramenés à une unité commune, l'établissement de leur total global et la comparaison de ces totaux sont devenus faciles.

*
* *

MESURE DES CAPITAUX. — Chaque année, le ministère des finances publie un gros volume intitulé : *Compte définitif des recettes* : c'est le budget réel et contrôlé.

Dans ce volume, on trouve, notamment, la justification des *capitaux* ayant changé de possesseur par suite de *décès* ; à côté de ces *capitaux* est le *quantum* de l'impôt perçu par l'Etat.

Les capitaux sont évalués contradictoirement, c'est-à-dire après discussion entre des intérêts opposés ; on peut donc les considérer comme répondant fidèlement à la moyenne des *valeurs* admises pendant l'année écoulée.

Quant à l'impôt, il est clairement indiqué.

Etant ainsi en possession du total global représentant, en francs, les capitaux successoraux d'une année, il suffit de les rapprocher du nombre de décès qui ont donné lieu à leur évaluation.

Or, il est clair qu'annuellement, il y a un rapport sensiblement constant entre le nombre total des décédés et le chiffre total des capitaux successoraux.

Dès lors, si j'appelle :

M, le nombre des décès ;

P, le chiffre de la population ;

S, le chiffre capital des héritages taxés ;

C, le capital mesurant la valeur de l'*héritage de la nation entière*.

Je puis écrire :

$$\mathbf{M : P :: S : C}$$

Ou en résolvant pour rechercher C :

$$\frac{P \times S}{M} = C$$

Par exemple, en 1881, il est mort 828.828 personnes et ce total de décès a fait taxer 4.914.227.477 francs de successions.

La population recensée étant de 37.672.048, on a :

$$\frac{37.672.048 \times 4.917.227.477}{828.288} = 223.361.500.000 \text{ francs.}$$

Soit 223 milliards 4/10.

On comprendra, en effet, qu'il suffit de limiter les *comparaisons* aux unités de l'ordre le plus élevé et que peu importera une erreur, fût-elle de 10 et même de 100 millions.

En opérant, d'une façon absolument identique sur l'année 1872, on trouvera que les capitaux de cette année étaient : 180 milliards 4/10.

De telle sorte qu'entre 1872 et 1881, c'est-à-dire dans un espace de 9 ans la représentation des capitaux français s'est augmentée de 43 milliards.

Il est non moins évident qu'une suite de comparaisons annuelles peut être ainsi établie et que, pourvu qu'elle soit obtenue en employant *toujours le même mode de procéder*, elle donnera une idée exacte de la progression imprimée aux évaluations capitalistes.

Il y a une nécessité absolue de n'opérer que sur des statistiques obtenues de la même façon. Cela est vrai, *surtout*, pour les capitaux successoraux.

Les chiffres que les statistiques officielles nous donnent, depuis 1826, sont ceux qui correspondent aux *taxes* successorales. Toutes les successions n'y figurent sûrement pas.

Depuis un certain nombre d'années on a inauguré la publication des capitaux successoraux en dehors de la taxe perçue par le fisc. Les chiffres sont certainement plus complets ; mais ils ne sont plus comparables avec ceux qui ont été relevés uniquement pour la perception fiscale.

Il faut, dès lors, avant de s'en servir et de les comparer à d'autres, obtenus par l'ancien système, les ramener, au moyen de la taxe elle-même, à des proportions similaires aux évaluations précédentes.

Il en serait de même, au cas où le tarif des taxes successorales serait modifié. Mais, naturellement, ces sortes de modifications n'auraient d'influence qu'au cas où on se servirait des taxes, pour corriger les statistiques successorales relevées en dehors de la perception fiscale.

Dans tous les autres cas, les taxes sont indifférentes, parce que c'est le *capital évalué*, et non le *quantum perçu*, qui sert de base à nos opérations sociométriques.

MESURE DES PRODUITS. — Il s'agit maintenant de mesurer le *produit net* ou *réserve normale* annuellement créée par ces capitaux, ou si mieux on aime : d'établir le chiffre total du *solde* des *échanges réels* auxquels ces capitaux ont donné lieu.

On y parvient, en ayant recours à la statistique des *moyens d'échange*.

Ceux-ci sont de deux sortes :

1° La monnaie métallique ;

2° Les billets de la banque de France.

Je ne dois pas compter ici le papier de circulation, créé par les particuliers ou les établissements de crédit, parce que ce papier n'est pas un *moyen d'échange*, mais un *échange* lui-même, c'est-à-dire un *commerce* ; en effet, il se résout toujours finalement par un *paiement*, lequel a lieu en espèces ou en billets de la banque ou partie de l'un et de l'autre.

Si donc je puis chiffrer le total des monnaies ayant cours à la fin de 1881, par exemple, et si je l'augmente de la somme des *billets d'État* circulant, mais, seulement, pour la portion qui *excède* l'encaisse métallique (afin d'éviter un double emploi) j'aurai un total chiffré exprimant tous les moyens d'échange existant à la fin de l'année étudiée.

Avant d'aller plus loin, il est nécessaire d'établir ici comment :

L'UNITÉ DE MONNAIE SUFFIT A ÉTABLIR LE TRIPLE D'ÉCHANGES

C'est-à-dire comment 1 franc satisfait à 3 francs d'échanges.

Faisons, pour le moment, abstraction de la monnaie et envisageons deux personnes troquant, par exemple, un outil et un boisseau de blé (en supposant égales les deux valeurs). Je fixe à 6 francs la représentation de chaque objet ; n'est-il pas vrai qu'il y a, en réalité, *deux utilités* en présence, l'une l'outil : l'autre le boisseau de blé, les deux valant ensemble 12 francs ?

C'est-à-dire $6 + 6 = 12$.

Ici intervient la monnaie : celui qui offre l'outil peut ne pas savoir si son besoin le plus actuel sera un boisseau de blé ou tout autre objet ; par suite, au lieu d'un objet précis, il préférera recevoir le *moyen d'acquérir quoi que ce soit*, suivant son besoin.

Or, ce « *quoi que ce soit* » est implicitement contenu dans la monnaie d'Etat, dont les inscriptions peuvent être traduites de la façon suivante, ainsi que l'explique fort justement un économiste américain (Peshine Smith) :

« Rendez au porteur, contre le présent, des services équi-
« valents à ceux qu'il a rendus à la société, et qui ont été
« mesurés par la quantité d'argent pur contenue dans cette
« pièce ».

L'*utilité-monnaie* vient donc faciliter l'échange des deux autres *utilités-produits* ; dans l'espèce 6 francs de monnaie ont mis en relation 12 francs d'échange ; donc, par rapport aux *trois utilités* agissantes et totalisées par 18 francs, je puis dire que :

6 *francs* ont satisfait 18 *francs* et 18 étant le triple de 6, je constate que l'*unité* monétaire satisfait le *triple* d'échanges.

Toute la comptabilité commerciale est d'ailleurs basée sur la *dualité* des utilités et la *trinité* des échanges.

En conséquence, j'appelle :

R, le produit net.

O, le total des monnaies en circulation en fin d'année.

N, le total des billets de banque en circulation en fin d'année.

E, le total de l'encaisse métallique de la même banque en fin d'année.

Et, en appliquant la relation triple que je viens de déterminer, j'écris :

$$R = 3\,(O + N - E)$$

Si je veux avoir la valeur de R par rapport aux capitaux obtenus par la formule $\frac{P \times S}{M}$, j'écrirai :

$$R = \frac{P \times S}{M \times [3\,(O + N - E)]}$$

En traduisant cette expression algébrique en langage ordinaire, on obtient le commentaire suivant :

Le quantum du *produit net annuel des capitaux* est le quotient d'une division ayant :

Pour dividende :

Les capitaux successoraux multipliés par la population recensée ;

Et pour diviseur :

Le total des monnaies ayant cours, augmenté de la différence entre la circulation des billets et l'encaisse métallique, ledit total triplé en bloc, puis multiplié par le nombre des décès.

Enfin, si R doit avoir la signification d'un *pourcentage*, je le désignerai par R (R barré), et il suffira d'écrire :

$$R = \frac{100 \times M\,[3\,(O + N - E)]}{P \times S}$$

Voici, comme nous l'avons fait plus haut, pour l'évaluation des capitaux, un exemple des calculs.

Appliquons $R = 3\,(O + N - E)$

aux données de 1881.

O = ...	13.948	millions
N — E = ...	901	millions
Ensemble . . .	14.909	millions
	× 3	
R = ...	44.727	millions

donc 44 milliards 7/10, tel est le total *des échanges rendus possibles*, grâce au stock monétaire théorique (accusé par les statistiques), accru de l'appoint fourni par le billet de la banque de France.

Appliquant le même calcul aux données de 1872, nous trouverons que le total des échanges pour cette année, fut 43.697 millions.

Enfin, si nous appliquons la formule qui donne le R 0/0 (R barré), nous trouverons que le pourcentage de 1872 donne 24,22 0/0 et que celui de 1881 donne 20,02 0/0.

Ce qui accuse déjà un affaiblissement dans les *moyens de consommation*, pendant que les capitaux — moyen de production, — ont accusé une augmentation.

Capitaux de 1872 . . .	180.376 millions.
Capitaux de 1881 . . .	223.361 millions.

7. — INDICES INTÉRIEURS

Nous savons, maintenant, mesurer les moyens de production, que vulgairement, et avec moins de précision, on appelle des *Capitaux*.

Nous savons, également, mesurer les moyens de consommation, que vulgairement, aussi, on appelle : des *produits*.

Les rapports que l'on pourra constater entre ces deux éléments de la vie, devront, à leur tour, correspondre à différents états des êtres composant une collectivité nationale. Ils pourront donc servir d'*indices* en ce qui concerne la situation intérieure d'un pays.

Considérons d'abord les capitaux.

Nous venons d'obtenir, tout à l'heure, la valeur des capitaux en 1872 et en 1881 et de la comparaison de ces deux valeurs est résultée cette conclusion : que, dans l'espace de neuf années, les capitaux s'étaient accrus de : 238/1.000.

Nous avons déjà expliqué que cet accroissement était automatique et provenait de l'emmagasinement des dépenses fiscales, de celles d'entretien, et des produits non consommés.

Nous avons également obtenu l'évaluation des produits, pour la même période et de leur comparaison est résultée cette autre conclusion : « que, dans l'espace de neuf années, les produits s'étaient augmentés de 23/1.000 ».

Il est nécessaire de préciser, ici, que les valeurs des capitaux, comme celles des produits n'appartiennent qu'à l'*année étudiée*, qu'elles doivent être datées de la fin de la dite année et que, par suite, si elles sont un *aboutissant* pour celle-ci elles sont un *commencement* pour l'année suivante.

L'application de 3 O + N — E aux capitaux de 1872 a chiffré leur productivité à 24,22 0/0 et la même opération pour 1881 a donné 20,02 0/0.

Nous allons expliquer comment cette diminution de chiffres accuse, au contraire, un accroissement de la productivité, en même temps qu'un déficit dans les moyens de consommation.

Nous avons vu que 3 O + N — E pour 1872 valaient. . . . . 43.697 millions

Et que 3 O + N — E pour 1881, valaient. . . . . 44.727 millions

Admettons que la productivité de 1872, chiffrée à 24,22 0/0, corresponde à une suffisante consommation générale (ce qui est près de la vérité, parce que l'année 1872 succédait à deux années de liquidation sociale et financière s'étant exprimée par des ruines et des suppressions d'êtres) ; pour que cette même suffisance se révélât en 1881, il aurait fallu que 3 O + N — E de 1881 se fût élevé à la somme de : 55.384 millions, car, alors, 24,22 0/0 pris sur 223.301 millions, valeur des capitaux de 1881, auraient fourni véritablement 55.384 millions.

Mais il n'en a pas été ainsi. 3 O + N — E de 1881 résultant des frappes monétaires et des appoints fournis par les billets de la banque de France, n'ont pu arriver qu'à un chiffre de 44.727 millions. Il y a donc eu, dans l'intervalle des neuf années, un déficit de la consommation, ou, ce qui revient au même, des moyens de consommer, se chiffrant par 10.657 millions, à la fin de 1881.

Disons en passant que si on jette un coup d'œil sur les événements qui marquèrent le passage de 1881 à 1882, et toutes les répercussions de ce qu'on a appelé le Krak, les indications du déficit se trouvent singulièrement avérées.

Dégageons maintenant les indices :

Dans une même période de neuf années :

Le coefficient d'accroissement des capitaux a été : 1,238

Soit 238/1.000.

Et le coefficient d'accroissement des produits : 1,023

Soit 23/1.000.

D'où il suit, que l'accroissement des capitaux a été plus de dix fois plus vite que l'accroissement des produits.

Ou, encore (ce qui revient au même), que les forces de consommation sont allées dix fois moins vite que les forces de production.

Ou, enfin (ce qui revient encore au même), que les exigences des capitaux sont allées dix fois plus vite que les moyens de les satisfaire.

Autre indice : au commencement de la période 1872-1881 les forces de consommation étaient 24,22 0/0 des forces de production ; en d'autres termes : il suffisait de multiplier le 3 O + N — E de 1872 par 4,12 pour obtenir le montant des capitaux de la même année. Nous expliquerons plus tard, que la normale est 4. Nous constatons en attendant que le 3 O + N — E de 1872 était *près de la normale.*

A la fin de la même période les forces de consommation étaient descendues à 20,02 0/0 des forces de production. En d'autres termes il fallait multiplier 3 O + N — E de 1881 par 4,99, pour obtenir le montant des capitaux. L'indice absolu de crise est 5 ; c'est celui qu'on retrouve toujours en parcourant toutes les années de 1830 à 1900, à côté des crises racontées par les faits ; avec cette condition : que plus on approche de 6 plus la crise est grave, à ce point qu'il suffit d'une proportion rendant équivalents les produits consommés et les déficits, pour amener une liquidation plus ou moins violente.

Ce fut le cas de 1847 et de 1869. Il s'en est

fallu de peu que ce fut celui de 1887, de 1890 et de 1893 ; depuis lors des liquidations partielles ont commencé suivant des proportions qui aboutiront promptement à des violences.

Nous aurons à étudier plus en détail les proportions et les circonstances.

Par rapport à des situations sociales *intérieures*, tous les indices peuvent donc se tirer de la marche contradictoire des forces de production et des forces de consommation, marche qu'on arrive à traduire plus simplement en rapprochant les accroissements fiscaux des accroissements humains.

8. — INDICES EXTÉRIEURS

Les calculs que nous venons d'indiquer, et au moyen desquels on peut mettre une expression chiffrée, à côté des diverses sortes de crises susceptibles d'affecter la vie d'une nation, exigent des données statistiques d'un même genre et d'une même forme.

Internationalement cette unité de forme et de genre n'existe pas encore ; de telle sorte qu'il faut y suppléer en recherchant quelles sont les données qui, communes à toutes les nations de l'Europe, peuvent servir à mesurer les mêmes genres de crises, sous l'influence desquelles les rapports internationaux arrivent à dégénérer en conflits.

Comme l'Europe entière fonctionne sous le régime économique, basé sur le capitalisme ; comme, dans ce système, tous les rouages sont admirablement solidaires les uns des autres ; il sera non seulement possible, mais encore aisé, de découvrir un nombre suffisant de données communes et de même portée.

Nous avons vu que les capitaux se majoraient automatiquement. Il en est ainsi partout où fonctionne l'organisation capitaliste. Nous avons vu aussi que, dans les variations capitales, les mouvements de la population avaient un rôle important. De même les stocks monétaires, de même encore les budgets, qui résument en eux toutes les répercussions engendrées par le mouvement et la valeur des échanges.

Toutes les nations Européennes font des recensements de leur population, de même elles ont toutes un cadastre, donnant la superficie de leur territoire, de même aussi elles publient, toutes, un budget énonçant annuellement leurs dépenses et leurs recettes tant ordinaires qu'extraordinaires. Toutes ces données sont donc comparables. Par suite, et pour une même période, on obtient les formules suivantes :

Soit H la densité la plus récente ; H' la densité la plus ancienne, par rapport à la précédente ; la raison annuelle de la variation des densités sera fournie par : $R = \sqrt[x]{\frac{H}{H'}}$.

x représente la durée de la période, soit $N+1$.

D'autre part, soit F le montant du budget le plus récent, et F' le montant du budget le plus ancien par rapport au précédent. Tous deux rapportés à la surface du territoire, ce qui donnera ce que nous appellerons la *densité fiscale*.

On obtiendra l'indice des variations par

$$R = \sqrt[x]{\frac{F}{F'}}.$$

Ces deux indices obtenus (*r*H) et (*r*F), il ne s'agit plus que de calculer leur rapport mutuel, et si on appelle AN l'indice des appétits intérieurs, on aura :

$AN = \frac{rF}{rH}$ (*r*, signifie *raison* de la progression, ou de la régression).

Jusqu'ici, nous n'avons mesuré que la *situation intérieure.*

Pour mesurer la situation extérieure et en tirer l'indice définitif, il faut tenir compte des mouvements du trafic international réduits à la forme de *densité commerciale*, par une répartition sur chaque tête d'habitant.

Le principe capitaliste veut que la fiscalité d'une nation soit toujours couverte par les mouvements de son commerce extérieur. Tout déficit est ressenti avec une grande vigueur. Et cela se conçoit, quand on remarque que le budget Français, entre autres, contient 70 0/0 d'impôts indirects, lesquels sont presque entièrement avancés, chaque année, par l'ensemble des patentés.

En 1896, par exemple, les 1.800.000 patentés avancèrent 2.311 millions, en dehors de leur quote part directe sur le total budgétaire, lequel s'éleva cette année à 3.450 millions. Il est clair qu'au moindre ralentissement commercial, le patenté peut perdre le retour de l'impôt qu'il a avancé et que le consommateur lui rembourse, et aussi son bénéfice normal.

La formule AN devra donc subir les effets du trafic ; et dès lors, elle s'écrira : ANT.

Soit I le montant des *importations* de la période la plus récente, et E celui des *exportations*, même époque, réduits chacun à sa *densité*.

Soient I' et E' les mêmes indications relevées à l'extrémité la plus ancienne de la période. Ce qui nous donne : $\frac{I}{E} = R$ et $\frac{I'}{E'} = R'$.

R multiplié par R' égalera K (lettre de convention) soit en formule : $R \times R' = K$.

Et K multiplié par AN, fournira l'indice trafic ANT.

$$\text{Donc :} \quad T = \frac{I \times I'}{E \times E'} = K \text{ et } AN \times K = ANT.$$

Les indices fournis par K seront ou *neutres*, ou *positifs* ou *négatifs*, c'est-à-dire ou égaux, ou supérieurs ou inférieurs à l'unité.

Egaux, ils ne modifieront pas AN ; *supérieurs*, ils accroîtront AN, enfin *inférieurs* ils diminueront AN.

Un exemple fera comprendre clairement ce que je viens de résumer.

Prenons que l'indice AN d'une nation quelconque soit ressorti du calcul au chiffre de 2,50.

Cet indice n'est autre que le *rapport* entre les accroissements fiscaux et les accroissements humains, de la dite nation, pour une période déterminée, il signifie que les accroissements fiscaux sont allés 2 fois 1/2 plus vite que les accroissements humains. C'est déjà une situation critique ; mais les résultats du trafic avec l'extérieur peuvent ou accroître ou atténuer cette situation critique.

L'indice K, plus haut expliqué, est-il 1,25 ? c'est-à-dire les importations sont-elles supérieures aux exportations dans la proportion 1,25 ? l'indice ANT accusera une situation plus critique encore, qui se chiffrera par 3,125 (2,50 × 1,25 = 3,125).

Au contraire l'indice K est-il inférieur à l'unité, soit par exemple K = 0,80 ; c'est-à-dire les *importations* étant *inférieures* aux *exportations* ; l'indice ANT accusera une situation moins critique ou meilleure. Dans l'hypothèse K = 0,80, AN égalant 2,50, devenant ANT se réduira à 2 (en effet 2,50 × 0,80 = 2).

Et si, en étudiant plusieurs nations ensemble, après avoir amené tous les AN et tous les ANT à une unité commune on compare les valeurs de ANT, on verra subitement apparaître les antagonismes et les causes de conflits.

Supposons donc quatre nations (blanche, rouge, jaune, noire). Chacune avec son ANT particulier.

	AN		K		ANT
Blanche.	2,50	×	1,25	=	3,125
Rouge.	2,20	×	1,40	=	3,080
Jaune.	3,60	×	0,80	=	2,800
Noire.	4,50	×	0,60	=	2,700

Dans ce tableau, ANT n'a évidemment qu'une valeur particulière, mais on voit déjà quel changement K peut amener, puisque la nation « noire », dont l'indice crise était le plus élevé, est devenu dans ANT' le plus faible. Mais pour avoir une comparaison plus significative, il faut réduire toutes les valeurs ANT à la même unité; comme au tableau suivant : nous avons d'abord :

	ANT
	—
Nation blanche	3,125
— rouge	3,080
— jaune	2,300
— noire.	2,700
	11,705

Au moyen de la proportion 11.705 : 100 : : ANT : x nous obtenons la comparaison des *appétits internationaux* : les voici :

Nation blanche.	26,69
— rouge	26,32
— jaune	23,92
— noire	23,07
Total des appétits *des 4 nations* . .	100,00

9. — LA THÉORIE ET LES FAITS

L'exemple que je viens de donner repose sur des chiffres hypothétiques. Il était suffisant à montrer l'application des formules, mais non à établir la justesse de leurs prévisions.

Ceux qui ont étudié la grande planche du second volume de l'*Agiotage sous la troisième république*, ont pu y constater la précision avec laquelle les courbes issues des formules, venaient se ranger sous les dates des plus violentes crises historiques. Malgré cela d'aucuns ont pu s'imaginer, comme l'a dit un critique de l'ancienne école, que *la foi socialiste* m'avait hypnotisé.

D'ailleurs, la même école a essayé de contester la justesse des pronostics sociométriques visant les années 1887, 1890, 1893, *futures,* alors que je publiais mon livre... j'y reviendrai tout à l'heure; mais je ne crois pas qu'elle puisse rien contester de ce que j'ai imprimé *en 1895* au sujet du Japon.

Le Japon, disais-je, rongé de banques, couturé de chemins de fer, brûlé par ses usines, mordu par le besoin, est lancé dans la voie des accaparements... Il ne fait que commencer et nous n'aurons que trop l'occasion de le constater... Le Japon c'est l'*Angleterre de l'Asie*. C'est lui qui lancera sur la vieille Europe, la colère déchaînée des 400 millions d'affamés qui rugiront dans l'empire du milieu. C'est lui qui, pendant ce temps, se croisera les bras, ravitaillera les uns et les autres, aura ses Pitt et ses Fox et précipitera le cataclysme (Le *Droit de Vivre*, pages 256, 259).

Ce n'est pas tout.

Quelque temps après, le rédacteur en chef de l'*Humanité Nouvelle*, me pria de répondre dans la revue, à cette question :

La vieille Europe est-elle en gestation d'une crise générale ?

Ma réponse fut publiée *en mai 1898*.

Après avoir indiqué que, de 1887 à 1897, pour l'Europe entière, représentée par les cinq nations directrices de la politique générale, l'accroissement des charges fiscales était allé presque trois fois plus vite que celui de sa population. En outre que, par rapport aux mêmes charges fiscales, le mouvement commercial Européen était en plein déficit, alors que la situation absolument contraire se manifestait aux *Etats-Unis*. Enfin que, sur les cinq nations directrices, trois : l'*Angleterre*, *l'Allemagne et la France* étaient débitrices par l'excédent de leurs importations sur leurs exportations ; tandis que la *Russie*, et l'*Autriche* d'une part et les *Etats-Unis* d'autre part, étaient créancières, par l'excédent de leurs exportations sur leurs importations.

Passant ensuite aux situations particulières à chacune des nations Européennes, je montrai *partout* le déficit créé par l'infériorité ou la décroissance du trafic, à côté de l'accroissement des charges fiscales au regard des populations, et analysant un tableau chiffré, contenant toutes les nations. Je concluai de la façon suivante :

« Il résulte de ce tableau que l'Allemagne par exemple est « obligée d'accroître son trafic de 30 centièmes, si elle veut « équilibrer ses accroissements fiscaux, à supposer qu'elle se « refuse absolument à réduire sa fiscalité, ou qu'une force plus « grande ne puisse l'y contraindre.

« Mais on remarquera cependant que ce n'est pas l'Allemagne qui a le plus grand déficit à combler. Et en effet la Rus« sie avec un moindre coefficient de fiscalité enregistre un « déficit considérable. C'est l'étendue de sa population qui en « est la cause.

« Il est évident en effet que le coefficient de son commerce « n'est pas en rapport avec l'importance de sa population, et « que les capitalistes Russes tendent à développer une produc« tion qu'ils savent pouvoir disposer d'un nombre immense « de producteurs.

« Mais alors se présente l'Angleterre. Celle-ci, avec un coef« ficient fiscal de cinquième ordre, puisqu'il est inférieur à « ceux de l'Allemagne, de la Russie, de l'Autriche, et de l'Es« pagne, éprouve un fort déficit dans son trafic. Ce déficit « cependant serait peu influent, si les deux portions : impor« tations et exportations, avaient continué leur marche précé« dente.

« Il n'en est point ainsi, et si sur les indices calculés pour « les appétits nationaux et basés seulement sur la marche

« contradictoire de la fiscalité et de la population, nous faisons « agir les coefficients obtenus en calculant les détraquements « survenus dans chaque pays par la progression constante de « l'importation, au delà des exportations, nous allons nous « trouver en face d'un tableau des *appétits internationaux* des « plus inquiétants :

« Voici ce tableau :

Au début de 1898	Appétits internationaux hors trafic	Appétits internationaux avec trafic
—	—	—
« Angleterre.	11,80	26,85
« Allemagne.	28,58	26,08
« Espagne	14,05	10,96
« Autriche-Hongrie	13,88	9,44
« Italie	8,10	8,30
« Belgique	7,21	6,54
« Russie.	11,16	6,05
« France.	5,22	5,78
	100,00	100,00

« Il est aisé de lire dans ce tableau que ce sont les capitalistes « *Anglais* et *Allemands* qui, pour leurs convoitises, ont besoin « d'une conflagration, que ne pouvant rien contre l'expansion « Américaine, ils se sont tournés vers les marchés de l'Asie où « le Japon, cette Angleterre de l'Asie, comme je l'ai appelé dans « Droit de vivre » servira leurs intrigues, si l'Amérique lui le « en laisse la liberté.

« Et voilà pourquoi l'indépendance de Cuba se traduit d'abord « par des visées sur les Philippines, la possession Espagnole « la plus rapprochée du Japon, et voilà pourquoi les politesses « Anglaises à l'égard des Etats-Unis. Mais il faudrait être bien « naïf pour croire qu'une nation qui réussit à placer hors de « chez elle pour des milliards de marchandises, ira s'enten- « dre, sur une question commerciale, avec une autre nation « qui offre aussi des milliards de marchandises sans pouvoir

« parvenir à les placer, comme elle y parvenait il y a un cer-
« tain nombre d'années.

« Jetez par là-dessus les besoins capitalistes allemands (et « ils ne sont pas minces) et vous aurez un aperçu de ce que « vont être les grouillements sanglants de tous ces ogres du « capital.

« Par le même tableau on peut voir combien atténués sont « les appétits de la Russie, à cause de la marche progressive « suivie par son trafic. Mais pour que cette marche ne s'arrête « pas, il faut que la Russie surveille les envahissements anglais, « et c'est pourquoi, secondairement du reste, la Russie pour- « rait bien être mêlée au conflit.

« Quant à la France elle pourrait demeurer en dehors, sans « les complicités capitalistes Anglaises. Plus du tiers des « exportations de France vont en Angleterre, et cela peut suf- « fire pour influencer les capitalistes dirigeants de notre pays.

« Je ne parle pas des trois puissances secondaires ; l'une, « l'Italie se débat chez elle, n'ayant même plus la force d'une « expansion, la Belgique subit en même temps la double « influence Allemande et Anglaise et se verra dans un délai « peut-être prochain dans la situation de l'Italie. Quant à « l'Espagne, qui, sauf les maux coloniaux se conduit comme « l'Autriche, elle sortira du conflit intacte, mais diminuée de « ses biens extérieurs.

« De ces divers éléments ressort la réponse à la question que « nous nous sommes posée au début de cette étude :

« Oui, la vieille Europe est en gestation d'une crise générale.

« Cette crise n'est pas une nouveauté ; elle a eu des précé- « dents, et si je ne craignais pas d'abuser de l'attention de mes « lecteurs, je lui mettrais aux yeux que la crise développée « par l'hégémonie Anglaise, est le pendant exact de la crise « développée par l'hégémonie Romaine ».

Je n'ai point à souligner les faits réalisés. Je me bornerai à faire remarquer que la haute direction du conflit en perspective appartient bien, comme le disent les mesures sociométriques, à l'Angleterre et à l'Allemagne ; et il faut noter qu'en mai 1898 les apparences de cet antagonisme Anglo-Allemand étaient soigneusement dissimulées.

Pour *la France*, il convient de signaler que « l'entente cordiale » n'avait pas encore été formulée.

Enfin pour la Russie il faut remarquer que c'est bien l'Angleterre qui a lancé le Japon sur elle, faisant battre, comme toujours, autrui pour son compte.

Au *point de vue Européen* c'est donc bien « secondairement » que la Russie sera mêlée au conflit.

La vraie partie se débattra dans le massif allemand et autour des côtes et des possessions anglaises.

La situation de 1905 est donc le prolongement logique de la situation indiquée au début de 1898, par la formule de la Sociométrie.

10. — LES CRITIQUES DE L'ANCIENNE ECOLE

J'appelle dès maintenant *l'école Economiste officielle*, « l'Ancienne école » parce que je suis convaincu que la propagation de la *Sociométrie* se traduira par la prépondérance d'une nouvelle école d'*Economie sociale* absolument étrangère aux combinaisons politiques et ne procédant que par constatations soigneusement vérifiées, par des analyses minutieuses et des synthèses consciencieuses, comme il convient à une science cherchant avant tout la *vérité*.

Donc, l'ancienne école qui, sur bien des points, cependant ne contredit pas et ne peut contredire la *Sociométrie*, a essayé quelques critiques contre quelques-unes de ses déductions les plus sensationnelles.

Elle a contesté d'abord la réalisation de quelques précisions, relatives aux crises de 1887, 1890 et 1893.

Et elle a violemment protesté contre le constat sociométrique révélant le très petit nombre de mains détenant la plus grande partie de la fortune nationale.

La sociométrie doit à la solidité de ses principes scientifiques, de démontrer, en peu de mots, le néant absolu des critiques formulées, et, par conséquent, son droit à enseigner *la vérité économique.*

§ A. *Les crises de* 1887-1890-1893.

On a reproché aux pronostics sociométriques d'avoir annoncé, pour les trois années ci-dessus désignées, une série de destructions violentes, de *tueries,* comme étant dans les probabilités sociales.

Dans le passé, en effet, toutes les crises sociales ayant abouti à des changements de régime, avaient été accompagnées de luttes et de suppressions d'êtres.

Aussi les démajorations capitales s'étaient manifestées brutalement à bref délai. Par exemple en 1870-1871 les capitaux nationaux tombèrent rapidement de 162 milliards à 110 milliards.

Et les tueries ont été si retentissantes qu'il a été impossible de les nier.

Hé bien, qu'on le veuille ou non, les *tueries ont eu lieu* et les crises des trois années précitées en résultent.

Les *tueries ont eu lieu*, non pas d'un seul coup,

aux époques de chaque crise, mais lentement, *à la muette*, par fraction, sous le coup de la solidarité arithmétique de la double réduction de la natalité et de la mortalité ; en un mot par la *dépopulation continue*.

On ne se rend pas compte en effet que dans la formule $\frac{p \times s}{m}$, qui donne annuellement les capitaux nationaux, m (les décès) étant diviseur peut, s'il *croît* réduire le chiffre capital à obtenir.

Mais m n'est pas le seul facteur d'une réduction éventuelle, il y a aussi p (la population). Si p diminue ou simplement ralentit son mouvement annuel, son influence sera absolument la même que celle de m croissant.

Et c'est justement ce qui est arrivé.

Les destructions d'hommes en 1870-1871 (en laissant de côté la population des provinces annexées, et compensation opérée avec les naissances) ont créé un déficit de 571.260 têtes. Hé bien, en appliquant à la population de 1885, le coefficient d'accroissement relevé pour la période 1875-1885, on aurait eu, à la fin de 1896 à constater une population comptant 926.000 têtes *de plus* qu'il n'en a été recensé en réalité.

Il y a donc eu des suppressions d'êtres constituant une perte presque double de celle qui fut produite par les événements de 1870-1871.

Or le mouvement de dépopulation n'est devenu absolument évident qu'aux environs des époques indiquées par les formules sociométriques, et il continue à s'aggraver de la façon la plus inquiétante.

Le système économique pratiqué après la guerre, a *tué à la muette*, plus d'êtres que les insurrections n'en auraient tué bruyamment.

La *Sociométrie* n'est donc aucunement en défaut sur ce point. Elle ne l'est pas davantage en ce qui concerne le malaise économique croissant, et quand elle a vu venir le *papier monnaie* en 1890, c'est qu'elle prévoyait dès 1883, que la banque de France en arriverait à demander de porter sa limite d'émission à quatre milliards et demi, puis à cinq milliards et elle s'apprête maintenant à demander les 6 milliards.

Et entre temps les enquêtes officielles constatent la disparition de la monnaie d'or dans la circulation.

En 1868 la circulation monétaire comportait

	83,27	en numéraire
et	16,70	en billet
Total. . .	100,00	
En 1898 on relevait. .	46,45	en numéraire
et	50,55	en billet
Total. . .	100,00	
En 1885 on arrivait à .	32,37	en numéraire
et	67,69	en billet
Total. . .	100,00	

Et en 1903, d'après la plus récente enquête, on n'a plus trouvé que la proportion suivante :

en numéraire	14,44
en billet . .	85,56
Total . . .	100,00

Tout juste le renversement des proportions en 1868.

§ B. *La concentration de la richesse en un petit nombre de mains.*

Voici maintenant la critique sur laquelle l'école économiste officielle a fait porter tous ses efforts, parce qu'elle la considérait comme la base même de toute la doctrine sociométrique.

Pour bien comprendre l'importance qu'elle attachait à la démolition de celle-ci, surtout en ce qui était relatif à la véritable répartition de la richesse nationale, entre les citoyens, il est nécessaire de faire connaître les circonstances au milieu desquelles cette critique fut bruyamment formulée.

Au mois d'avril 1890, justement préoccupé des formidables préparatifs faits par le gouvernement d'alors, en vue des manifestations du premier mai, je considérai comme étant mon devoir, de prévenir l'armée de ce qu'on allait exiger d'elle, en lui faisant remarquer que ce n'était pas pour fusiller des Français qu'elle avait été recrutée, mais bien et uniquement pour protéger les frontières contre des agressions extérieures.

Ironie des choses !.. Pour un semblable article, aujourd'hui, on serait capable de m'offrir la décoration .. Il y a quinze ans c'était différent, et on me le prouva en m'octroyant six mois de prison...

Or ce que je disais en 1890 est aussi vrai aujourd'hui. Et cependant je ne me donnerai pas la peine de le répéter, parce que, à mon sens, les vérités ne sont bonnes à dire que lorsqu'il y a du péril à les énoncer.

Heureusement pour moi, la cour d'assises m'avait condamné par défaut. Je revins devant le jury, ne comptant guère que sur une réduction des six mois à trois mois.

Mon avocat prononça une admirable plaidoierie à laquelle je crus devoir ajouter un petit cours de *Sociométrie* à l'usage exclusif du jury.

L'effet de mes chiffres fut prodigieux ! j'avais prouvé que les trois quarts de la population ne possédait aucun capital, pendant que le quart restant détenait toute la fortune du pays. *Je fus acquitté.*

D'où : grande colère de l'école officielle ; presque aussitôt elle tomba à bras raccourci sur mes statistiques et surtout sur leurs conclusions.

« Sur 800.000 décès, avais-je dit, il y a à peine 200.000 successions ».

— Il y a, me répondit l'école officielle, 400.000

successions sur moins de 500.000 décès. Et elle ajouta durement :

« La vérité est que la très grande majorité des Français, « majeurs, ont à eux une part grande ou petite de la richesse « collective de la nation. Et quand le socialisme, par la bou- « che de M. Chirac ou par toute autre, dit le contraire au peu- « ple, il le trompe.....

« Les quatre cinquièmes des Français à l'âge où l'on peut « posséder personnellement, sont effectivement pourvus d'un « avoir suffisant pour que le fisc, en cas de décès, ait le droit « et le devoir d'intervenir... Et non pas de pauvres gueux « que les autres exploitent ».

Je répliquai sur le champ, et ceux qui seraient curieux de connaître toute la polémique, la trouveront, en annexe, dans mon livre intitulé : « Où est l'Argent ? »

A cette époque les statistiques étaient assez obscures et dissimulaient comme à plaisir le nombre des *de cujus*. Mais la Sociométrie avait percé le mystère et dit la vérité.

Or, depuis cette époque et sous l'influence de certaines tendances, la statistique officielle s'est décidée à donner le *nombre des successions*, leur *importance individuelle* et le *montant des parts successorales*.

Hé bien c'est à la Sociométrie que ces constatations nouvelles donnent pleinement raison, et par conséquent elles détruisent complètement les assertions dont on avait voulu me foudroyer au lendemain de mon acquittement.

Le point essentiel de cette réplique était celui-ci :

« N'est pas qualifiable « possédant », celui qui ne dispose « pas d'un capital susceptible de lui fournir un revenu annuel « suffisant pour vivre, sans avoir besoin de rechercher un « salaire ».

Admettons qu'on puisse vivre sans travailler, avec un revenu minimum de 1 200 francs par an.

Cette base impliquera la présence d'un capital de 40.000 francs à 3 0/0.

Les *statistiques officielles actuelles*, ne permettent pas encore de distinguer le nombre des possesseurs d'un capital de 40.000 francs.

Cependant on peut y découvrir une approximation.

Le *bulletin de statistique et de législation comparée* de juin 1903 contient à la page 811 un tableau que nous résumons comme suit :

			millions	
	213.378	*de cujus* ont laissé ens.	241 5	(de 1 à 2.000 fr.).
150.234	97.257	—	554 1	(de 2001 à 10 000)
	52.977	—	3.976 4	(de 10.001 à plusieurs millions).
	363.612		4.772 0	

Si l'on totalise les deux derniers groupes, on obtient un nombre de *de cujus* égal à 150.234, possédant chacun plus de 2.000 francs. Et si on compare ce chiffre de 150.234 au nombre des décédés en 1902 soit 761.434, on trouve que le rapport est de 19,70 0/0 ; en faisant le même travail sur les 213.378 *de cujus* ayant laissé de 1 franc à 2.000 francs on arrive au constat suivant :

	19,73 0/0 de la popul.	détiennent	94,93 0/0	des cap. nat (à raison de 2.001 fr. et au-dessus.
	28,02 0/0	—	5,07 0/0	des cap. nat. (à raison de 1 fr. à 2 000 fr.).
Total. .	47,75 0/0	—	100,00	
Le solde soit	52,25 0/0	de la population ne possédant *absolument rien*		
	100,00			

le tableau officiel, sur lequel nous venons de baser nos calculs, ne nous permet pas de distinguer, dans les 19,73 0/0, ceux qui détiennent 40.000 francs, et qui peuvent à la rigueur se suffire à eux-mêmes.

Mais, dans les 19,73 0/0	il y a sûrement des *salariés ayant épargné* plus de 2.000 francs.
les 28,02 0/0	sont certainement *tous des salariés ayant épargné* de 1 fr. à 2.000 fr.
enfin les 52,25 0/0	restant, contiennent des salariés *n'ayant pas épargné* et des *dénués*, c'est-à-dire des *miséreux*.
Total 100,00	

Or les formules sociométriques 3 (0 + N — E comparés avec $\frac{p \times s)}{m}$ donnent à la fin de 1902 la répartition suivante :

Possédants nantis.	17,01 0/0
Salariés.	67,17 0/0
Dénués.	15,82 0/0
	100,00

Le chiffre de 17,01 0/0 représentant les nantis,

diffère de 2,72 0/0 des 19,73 0/0 accusés par la publication officielle.

Mais il ne faut pas oublier que la proportion 19,73 0/0 ressortant des chiffres officiels, correspond à 150.234 *de cujus* ayant laissé plus de 2.000 francs.

Tandis que la proportion 17,01 0/0 émanée des formules *sociométriques* ne correspondrait en fait qu'à 130.600 *de cujus*.

Ce dernier chiffre serait probablement celui de la *statistique officielle* si elle avait distingué entre ceux qui ont laissé 2.001 francs et ceux qui ont laissé 10.000 francs, ce qu'elle n'a point fait.

Mais on va voir comment les proportions sociométriques se trouvent vérifiées, quand même, par les proportions issues de la statistique officielle.

Reprenons cette dernière :

	19,73 0/0	détiennent	94,93 0/0	des capitaux
	28,02 0/0	—	5,07 0/0	—
	47,75 0/0	—	100,00 0/0	*soit tous les capitaux.*
Donc	52,25 0/0	ne détiennent *aucun capital.*		
	100,00 0/0.			

Ces 52,25 0/0 de la population contiennent évidemment tous les *salariés n'ayant rien épargné* et les miséreux.

Déduisons, de ce chiffre, les *miséreux* accusés par la formule *sociométrique* : 52,25 — 15,82 = 36,43.

Ajoutons à ces 36,43 0/0 qui sont des *salariés sans épargnes*, les 28,02 0/0 qui sont des *salariés ayant épargné jusqu'à* 2.000 *francs*.

Ajoutons aussi les 2,72 0/0 d'écart qui représentent des salariés ayant épargné *plus* de 2.000 francs.

Et nous obtiendrons 67,17 0/0 c'est-à-dire tout juste la proportion des salariés telle qu'elle ressort de la formule sociométrique.

La statistique successorale que nous venons de contrôler est la première qui ait été publiée ; et elle concerne les successions ouvertes en 1902.

Nous pouvons faire la même épreuve, sur les successions ouvertes en 1903 ; la statistique en a été publiée dans le *bulletin de juin* 1904 (c'est la dernière parue au moment où j'écris ces lignes).

Voici le résumé du tableau officiel :

			millions	
	227.155	de *cujus* ont laissé net	169 42	(1 à 2.000 fr.)
158.877	102.800	—	508 51	(2.001 à 10.000).
	56.077	—	4.246 02	(10.001 à 50 millions et plus).
	386,032		4.923 95	

Le nombre des décès ayant été de 753.606 *en 1903*, il est facile d'obtenir les proportions suivantes :

	21,08 0/0	de la population détient	94,36 0/0	des capitaux
et	30,14 0/0	—	5,64 0/0	—
Total	51,22 0/0	—	100,00 0/0	—
	48,73 0/0	de la population ne détient *aucun capital*		
	100,00 0/0	de la population.		

Pour cette même année 1903, voici les proportions issues des formules sociométriques :

Possédants nantis	17,16 0/0
Salariés.	66,90 0/0
Dénués.	15,94 0/0
	100 00 0/0

Comme précédemment nous déduisons des.	48,73 0/0	officiels
Les données *sociométriques*.	15,94 0/0	—
Restent	32,84 0/0	salariés sans épargne.
Nous ajoutons le chiffre officiel. .	30,14 0/0	salariés ayant éparg. de 1 à 2.000
et nous ajoutons encore la différence entre les *possédants sociométriques* et les *possédants au-dessus de 2.000 francs* du *tableau officiel* 21,08 — 17,16 = 3,92	3,92 0/0	salariés ayant épargné *plus* de 2.000 fr.
et nous obtenons le total	66,90 0/0	*salariés* provenant de nos *formules sociométriques*.

Comme on peut en juger les données officielles qui sont livrées à la publicité depuis 1903 seulement, donnent absolument raison aux déductions sociométriques, qui avaient su dégager la vérité alors qu'on l'*ensevelissait dans les ténèbres*.

11. — CONCLUSION

En résumé, il est désormais impossible aux économistes de l'ancienne école de dire aux *socialistes* aussi bien qu'à l'auteur de la *théorie sociométrique* :

« *Sur moins de 500.000 décès, il y a 400.000*
« *possédants* et si vous dites le contraire au
« peuple :

« *Vous le trompez !* »

La *Sociométrie* avait raison, la preuve est faite et il est inutile d'en dire davantage.

ANNEXE

LA THÉORIE DE LA VALEUR

La *théorie de la valeur* dont Proudhon a dit « qu'elle était, pour ainsi dire, *la pierre angulaire du socialisme* », ne saurait être exclue de cet exposé succinct de la science sociométrique. Mais, je la donne en *annexe*, parceque elle ne pouvait trouver sa place parmi les *premiers éléments*, étant au contraire une minutieuse déduction de l'étude très poussée des théories que je viens d'exposer.

J'extrais d'ailleurs ce qui suit de mon livre.

« *Le droit de vivre* ».

La valeur !

Pourquoi tant de dissonnances dans les six lettres de ce mot?

La raison en est simple :

Le mot « valeur » est par excellence, l'expression de l'égoïsme individuel, et par suite, l'incarnation d'une opinion personnelle.

« *Pour* MOI, *cela* VAUT *tant* » est une phrase universelle.

S'abstraire du *moi* pour qualifier le *valoir* est un de ces efforts que de Fichte à Marx, aucun penseur n'a essayé.

En réalité « valeur » ne contient aucun principe fixe qu'une analyse, même savante soit susceptible d'isoler.

La valeur ! Ce féminin est un neutre, c'est un adjectif à la recherche d'un substantif.

Le *philosophiste* dit : c'est une relativité.

L'algébriste dit : c'est un rapport.

Or, on ne définit pas une relativité : on l'*exprime*.

On ne définit pas un rapport : on le *calcule*.

De telle sorte qu'en dépouillant le mot de tous ses travestissements personnels ; en élaguant aussi bien le travailleur qui apprécie un salaire, que le marchand qui suppute un prix, tous deux impliquant d'ailleurs la controverse du patron et de l'acheteur qui soutiendront forcément l'appréciation opposée, ou la supputation contraire, j'arrache au mot la prétendue précision dont, arbitrairement, on le dote et le considérant dans les innombrables variations dont il est inséparable, je dis :

La valeur est un rapport.

Mais un rapport de *quoi* à *quoi* ?

Ici apparaît une nouvelle question : c'est la localisation des vagabondages du mot.

La science socialiste est à la recherche du plus parfait équilibre entre toutes les fonctions de la vibration humaine. Il s'agit donc, ici, de *consommation* et de *production*.

Analysons :

Produire est un *effort*. Consommer est un *résultat*.

Produire est aussi une *cause* : consommer est, par suite, un *effet*.

Mais *consommer* est aussi une *cause* ; et, alors, *produire* devient un *effet*.

En conséquence, ce que recherche le socialisme, en établissant une théorie de la valeur, c'est de déterminer le *rapport*.

De la production-*cause-effet*,
à la consommation-*effet-cause*.

Et cette circonstance que la cause et l'effet se combinent pour équivaloir à chacun des deux termes : *production et consommation*, donne à leur rapport — à la valeur — son nom social : LA VIE, exprimant, nécessairement inéluctablement, tout ce qu'il faut à l'*être*, c'est-à-dire à ses deux vibrations, matérielles et scientifiques, composant la vibration humaine, *tout ce qu'il faut*, dis-je pour s'alimenter, se développer, s'accroître :

C'est-à-dire : *réfection*, *création*, *perfection*.

Or, pour que cette trinité puisse être satisfaite, il faut que le *plein effort* obtienne toujours le *plein résultat* ; ce qui revient à dire : qu'il faut que le résultat égale toujours l'effort, que la cause égale l'effet ; que la même cause produise toujours le même effet.

Cette fois le rapport est déterminé.

Si l'effet A égale la cause B, et si j'appelle R le résultat, j'ai immédiatement :

$\frac{A}{B}$ ou $\frac{B}{A} = R$, et puisque $A = B$, j'obtiens $R = 1$,

donc le rapport c'est l'*unité !*

L'*unité ?* Nous voilà bien loin des *variations de la valeur !*

Mais nous avons déblayé le terrain. L'idée n'est plus confuse, ni incertaine ;

La *valeur* est un *rapport*.

Le *rapport* c'est l'*unité*, et l'*unité* c'est la *vie*.

Que l'on dispose les termes de la façon que l'on voudra :

Le rapport, la vie, c'est l'*unité*.

Cela étant, quelle expression numérique allons-nous découvrir aux deux termes qui engendrent ce rapport à l'unité ?

Quelle sera la cause ? quel sera l'effet ? finalement quel sera le prix de l'effet, et, par conséquent : la valeur de la cause ?

Ce qui revient à dire qu'il ne faut pas confondre : la condition, la mesure, le prix de la valeur ; et si nous comprenons le sens d'un pareil assemblage de mots, c'est parce que nous savons, maintenant que la valeur, c'est un rapport et que ce rapport c'est la vie.

Laissons, pour un instant, la valeur-rapport, et ne considérons que l'idée qui a toujours été au fond de toutes les théories émises, c'est-à-dire : la valeur-prix.

De celle-ci on peut dresser l'acte de naissance.

La valeur-prix naît au moment précis où la chose qu'elle qualifie change de détenteur.

C'est l'opinion de Marx. Elle est exacte. Seulement, Marx, en se bornant à écrire le mot *valeur*, a laissé subsister une amphibologie. C'est valeur-prix qu'il aurait dû écrire.

Aussi est-ce là que commencent les confusions.

Fichte a cherché la *valeur-utilité*, combinée avec la *valeur-travail*. Sa mesure, c'est le *froment*.

Marx a recherché la *quantité de travail* contenue dans les choses : sa mesure c'est le *temps* socialement nécessaire pour produire la chose.

D'autres, se basant sur Marx, ont essayé une autre formule :

« Dans la société ordinaire, a-t-on dit, la vraie mesure de la valeur est la quantité de travail non pas subordonnée, mais conditionnée par son utilité ».

On le voit : partout, sous les apparences d'une généralisation, perce l'idée spéciale du *prix* au moment de l'échange.

Je veux, *provisoirement* concéder que, le prix

de l'objet puisse être logiquement calculé d'après la formule de Marx, et dans ce cas je voudrais bien savoir où se trouve, aussi, le calcul qui m'indiquera comment j'aurai pu me procurer ce prix, condition de l'échange.

Rien dans les formules de Fichte ou de Marx ne me donne une notion quelconque de ma capacité à solder un prix.

Voici, par exemple une table ; son prix résulte « de l'unité de temps socialement nécessaire pour « sa fabrication ».

Donnons-lui une expression numérique : 10 heures.

Je vois très bien comment on a payé, à l'ouvrier, le travail qu'il a exécuté.

En revanche, je ne vois pas du tout comment je me procurerai les 10 heures-monnaie pour payer mon acquisition.

J'entonds bien ; on me dit :

— Vous me ferez dix heures de travail ; c'est-à-dire vous travaillerez pendant un temps équivalent.

— Je travaillerai : soit, mais à quoi ? on ne me le dit pas. Autant vaudrait, alors, faire soi-même sa table !

Cependant je veux bien admettre ce mode de fixation. Qu'en résulte-t-il ?

Il en résulte que je suis rationné.

Or si je suis rationné par le *collectivisme*, ce n'est pas la peine de *démolir* le *capitalisme*.

En effet ; pour déterminer le temps social moyen employé à la quantité de travail contenu dans les choses, il aura fallu, d'avance, fixer le nombre de ces choses, et leur appliquer ensuite la mesure du temps. Du moment que le temps social devient une valeur-prix ; c'est fini ! je suis rationné. Je n'ai pas le droit d'acquérir *trois fauteuils*, si j'en ai besoin, si même j'en ai la simple fantaisie !

Si je prends *trois fauteuils*, je prive deux ayant-droit à ces deux objets, et tout le système se trouve désorganisé.

J'ai choisi cet exemple élémentaire, parce qu'il évoque l'idée d'une fabrication simple.

Mais si je pénétrais dans le domaine de l'alimentation ; si j'étudiais la fabrication et la consommation du pain, le rationnement y apparaîtrait plus monstrueux encore.

Et si, par hasard on me répondait que pour éviter le rationnement on a supputé d'avance plus de consommation qu'il n'était probable ? alors la quantité de temps, socialement nécessaire, ayant crû, aura engendré une unité d'heure moyen d'échange, plus forte, et je serai obligé de faire plus d'heures de travail pour obtenir un même objet ; effort perdu, dans tous les cas, sans compter que ce serait une sorte de recommencement de la plus-value, non pas absorbée, cette fois. par le *capital*, mais absorbée par la *non-consommation*, ce qui, non seulement ne me paraît pas plus avantageux, mais, encore, me semble à peu près pareil.

Est-il besoin d'insister davantage pour faire naître cette impression que ceux ayant étudié l'œuvre de Marx, intitulée : le *capital*, ont commis une erreur grave en s'imaginant que la formule de ses critiques pourrait servir de formule à la réorganisation.

La théorie de la valeur émise par Marx était une théorie anticapitaliste, un moyen de lutte entre les accaparements du capital ; mais, jamais à mon avis, Marx n'a voulu en faire une formule d'installation socialiste.

Une telle erreur eût été inconciliable avec la précision de ses aperçus.

Elle existe pourtant ! mais elle n'est pas sienne. Elle est l'œuvre de ses adeptes et de ses successeurs.

Hé bien, il faut le dire nettement :

Eriger en *principe socialiste* que le temps quantité de travail doit être la mesure de la valeur : *valeur-rapport* ou *valeur-prix*, est une erreur insoutenable !

Ce qui constitue la mesure, c'est son caractère de fixité, d'immobilité, d'invariabilité.

Quand on affirme que tel objet *vaut* une heure de travail social, il faut que, toujours, avec une heure de ce travail on puisse obtenir l'objet ainsi mesuré, *quel qu'il soit* !

Or il n'en est pas ainsi.

Mettons en présence les deux premiers besoins de l'être, la réfection et la création.

Ou, plus élémentairement, et afin de simplifier, considérons l'*agriculture* généralisant la satisfaction du besoin-nourriture ; et l'*industrie* généralisant la satisfaction des *autres besoins*.

Entre l'agriculture et l'industrie il y a nécessité d'échanges continuels.

Hé bien, si l'*unité d'échange* mesurant la valeur du produit agricole et celle du produit industriel, est *variable*, il n'y a plus de mesure, il n'y a plus de prix, il n'y a plus de valeur possibles !

En voici la preuve :

Admettons qu'il ait fallu 7200 heures de travail social pour produire (sur 100.000 hectares de terres) 1 million 1/2 d'hectolitres de blé (à raison de 15 hectolitres à l'hectare) indispensables à la consommation d'une collectivité.

Dans ce cas, 208 hectolitres 3 *vaudront* 1 heure de travail.

Or, voici qu'*à travail égal*, mais de par la volonté des éléments, le rendement n'a été que de 10 hectolitres par hectare, ayant produit, par conséquent, un million d'hectolitres de blé :

Une heure de travail ne vaudra plus, alors, que 139 hectolitres 9.

Par suite, si je veux dans un échange, obtenir la valeur de 208 hectol. 2, il me faudra travailler *une heure et demie*.

Pourquoi ? parce que les éléments l'auront voulu, et parce que contre eux je suis tout à fait impuissant.

En langue usuelle cela s'appelle payer 1 1/2 ce qui ne vaut que 1 ; ou 150 ce qui vaut 100 ; d'où un déficit, un effort perdu, égal à 50 0/0.

Renversons l'hypothèse :

Admettons que la production ait été de 20 hectolitres à l'hectare, en remarquant que cela s'est passé en dehors de ma volonté et sans que la quantité d'heures de travail ait subi aucune variation.

Le déficit alors change de place mais n'en existe pas moins.

Mon heure d'agriculture vaudra 284 hectol. et si le tarif *heure-monnaie* a été dressé en vue de 108 hectol., je paierai, avec mes 3/4 d'heure de travail, un objet valant une heure.

Dans les deux cas il y a surplus non employé première étape d'une capitalisation.

Allons plus loin.

Admettons que malgré ses défauts, la *monnaie heure de travail* ait été adoptée au lendemain de la révolution victorieuse.

Je voudrais bien savoir, alors, comment on s'y sera pris pour calculer la mesure de la *valeur d'une production* qui *n'aura pas encore pu se produire* ; et comment on pourrait *livrer à l'échange* une *production qui n'aura pas encore été produite?*

Car si je nie que le temps et l'espace soient une mesure de la valeur des choses, je ne saurais oublier qu'ils sont deux conditions inéluctables de leur formation.

Or, en matière de réorganisation sociale, c'est toujours à la première période d'installation qu'existe le plus grave danger de voir la réaction, traînant, avec elle, son vieil attirail tout agencé, archi-connu, culbuter les novateurs et se restaurer triomphalement sur les effarements de l'ignorance et de l'imprévoyance des vainqueurs d'hier.

Alors, quoi ? on emploiera la violence ?

Soit ! pendant combien de temps ?. . . . .

. . . .

Je l'ai dit ailleurs : « La force est certainement « l'accoucheuse des sociétés, *mais elle n'en fut ja-* « *mais la nourrice* ».

. . . .

On ne donne pas d'ordres à la cellule humaine, pas plus que l'on ne donne à la pierre tenue dans la main et qu'on lâche, l'ordre de tomber.

Il n'en est pas moins vrai que chaque fois que l'on ouvrira, sur l'abîme, une main retenant une pierre, cette pierre tombera, non pas au hasard, mais d'une façon régulière, mathématiquement prévue.

Nul ne dit à la pierre qui tombe :

— Tu parcourras l'espace avec d'autant plus de vitesse que tu tomberas plus longtemps.

Et cependant toutes les pierres, tous les poids en état de chute, obéiront à la loi dont la formule est en trois lettres : $v = \frac{e}{t}$.

De même, la cellule humaine : libre comme la

pierre, elle n'en est pas moins soumise à des lois physiques et naturelles.

Ce sont ces lois qu'il faut savoir formuler.

Mais :

« On ne décrète pas la valeur, on la traduit.

« Car la valeur est à la fois, dans la nature des « choses, qui ne dépend d'aucun arbitraire « humain ; dans les besoins de l'individu qui, « variés à l'infini, le dominent au lieu d'être domi- « nés par lui ; dans les échanges mutuels qui, eux, « ont pour mesure les espaces occupés et les quan- « tités occupantes... tous éléments que la volonté « humaine est incapable de modifier *empirique-* « *ment*, mais que la science sociale peut combiner, « en appliquant les lois physiques de la matière et « de la force.

« Par cette application on découvre qu'il faut : « *unifier le coût de l'effort*, sans toucher à la *diver-* « *sité des valeurs qui en résultent* ».

Tel étant le but à atteindre, il faut logiquement laisser de côté les éléments « temps et espaces » et il faut appliquer les lois qui régissent elles-mêmes les éléments, et dont la « vibration scientifique de l'homme » a dû dégager les *rapports* $v = \frac{e}{t}$, c'est-à-dire : ceux de l'*espace*, ceux de la *vitesse*, ceux des *temps* ; et les *rapports et non la matière* de ces rapports, devront seuls nous servir de guide.

Il faut donc revenir à la valeur-rapport, et la traduire en valeur-prix.

Je continue à me servir du mot *prix*, parce qu'il est dans la langue usuelle.

Mais le mot ne me satisfait point.

Il me rappelle en effet la *lutte*, la *concurrence*, lesquelles expriment des idées qui n'ont plus rien à voir dans l'application des principes de solidarité entre les forces naturelles et les forces humaines.

Le vrai mot serait : *compensation*, puisque nous sommes en présence de deux termes A et B qui doivent se *compenser* de telle sorte que, quelle que soit leur expression numérique, ils doivent toujours engendrer un rapport égalant *un*.

Il est donc bien établi que quand j'écris le mot : *prix*, je veux exprimer l'idée *compensation*, et que je ne conserve l'expression *prix* que pour employer le mot le plus usuel.

Je reprends donc la formule :

$$\frac{A}{B} = R \text{ et } R = 1,$$

afin d'essayer de déterminer quel sera le prix B de l'effort A, pour que $R = 1$.

Actuellement, A et B sont deux inconnues et j'ai le droit d'écrire :

$$\frac{x}{y} = R.$$

Alors, l'algèbre me fait aussitôt remarquer que je suis en présence d'un problème indéterminé, et que l'obtention de $R = 1$ peut être le résultat d'une quantité incommensurable de nombres différents ; mais qu'il suffira d'avoir arrêté le chiffre de l'un des deux membres de la fraction $\frac{x}{y}$ pour avoir arrêté, du même coup, celui de l'autre membre, puisqu'ils doivent s'égaler entre eux, si je veux obtenir $R = 1$.

De quoi il résulte que la détermination chiffrée de A ou de B ne peut être que *conventionnelle.*

Si l'on veut bien se souvenir que la vibration universelle, et, par conséquent, la vibration humaine, qui en est une composante, ne peut être satisfaite que par un équilibre parfait maintenu dans la solidarité des forces naturelles et des forces humaines, on comprendra que ce soit, seulement, par une convention tirée de la *volonté des hommes* et non par une formulation tirée de la *nature des choses*, que cet équilibre pourra être obtenu.

S'il en était autrement, la vibration scientifique serait dominée, asservie et détruite par la vibration matérielle, et le monde retournerait à la simple animalité.

L'idée de recourir à des conventions librement consenties, a quelques fois hanté les conceptions de nos économistes.

Ils affectent, même, de dire que l'état actuel est un état *convenu.*

La vérité consisterait à dire que cet état actuel a été plus « escroqué » que consenti.

Quoi qu'il en soit, si je veux invoquer une opinion économiste presque libérale, ce sera encore celle de Peschine Smith, l'écrivain américain que j'ai souvent cité.

Voici son hypothèse :

« Supposons, dit-il, qu'un sauvage dénué de « tout, aille en trouver un autre qui possède un « arc, des flèches et une hache de pierre, et qu'il « lui demande quelle part du gibier il aura, s'il « prend l'arc et les flèches et laisse à l'autre la « faculté de travailler sans interruption au canot « qu'il construit. Ce dernier offre de lui donner « comme salaire la moitié de son gibier ; si son « offre est repoussée, comme déraisonnable, il lui « dira sans doute : « Chassez votre gibier à la « course, et tuez-le avec un bâton ; vous ne vous « en procurerez pas la moitié autant que je vous « en offre ».

Voilà la convention. L'économiste n'a pas vu que pendant qu'il ne chassera pas, le sauvage constructeur de canot aura plus rapidement terminé son canot ; qu'il pourra même, en faire un autre, et que ce qu'il appelle *salaire* est un *échange*. Mais n'importe ! ce que j'ai voulu retenir c'est le principe *conventionnel* de la valeur *discutée* dont il faut faire disparaître la *discussion*. Celle-ci supposant, en fin de compte, moins un accord, qu'une victoire et une domination de l'un sur l'autre.

La science socialiste veut que la conception d'un *accord* qui, en *capitalisme individualiste*, aboutit à l'accaparement, aboutisse, en *individualisme socialiste*, à l'approvisionnement complet.

Dès lors, quittant l'application de $\frac{A}{B} = R = 1$ à l'individu, il faut entrer dans l'examen de son application à la collectivité tout entière.

Dans une collectivité socialiste, la quantité des *efforts* mutuels doit égaler la quantité des *résultats* mutuels, pour satisfaire intégralement la vie ($R = 1$) sans déficit, et *quoique les efforts individuels d'une part, et les résultats individuels, d'autre part, puissent, éventuellement, être inégaux entre eux.*

Montrons d'abord que les efforts et le résultat peuvent être inégaux entre eux, sans que la vie collective éprouve aucun déficit.

Voici cinq hommes, ils ont tous le même droit de vivre.

Mais ils ont une inégale faculté de production.

J'exprime par 1. 2. 3. 4. 5, la faculté de production de chacun d'eux. Je totalise, et j'obtiens une somme de production égale à 15.

D'un autre côté je donne, au droit de vivre, égal pour chacun des hommes, le signe 3 ; et je totalise, comme plus haut.

Il y a cinq hommes, par conséquent le total sera égal à 5 multiplié par 3, donc encore 15, comme pour le total-production.

Et cependant, j'ai en détail les inégalités suivantes :

L'un qui a une faculté de vivre cotée 3, a une faculté de production cotée 5 — un autre qui aura encore une faculté de vivre cotée 3, aura une faculté de production 4... et ainsi de suite.

Faudra-t-il graduer le droit de vivre, sur la graduation de la faculté de produire?

Cela ne changera rien au total des productions, mais nous aurons des êtres qui ayant un droit normal de 3 le verront restreint à 1.

Ils subiront des déficits de vivre... ils pourront en devenir infirmes, et alors incapables de produire ; faudra-t-il réduire à zéro leur droit de vivre? Ressusciter, sous une forme analogue, la loi de Sparte qui supprimait tout nouveau-né mal bâti?

Mais, alors, il faut aller plus loin, il faut voir que le total 15, peut ne pas être arbitraire, qu'il est, peut-être, *nécessaire* pour obtenir l'équilibre, indispensable à tous, des forces solidaires, naturelles et humaines ; que le manquant ne consommant plus et ne produisant plus, constituera, tout de même, un déficit pour l'ensemble des Forces, et aussi, un excès dangereux dans la masse des matières restituant, par leur décomposition, leurs éléments au fonds commun.

De l'ensemble 15, retirez un consommant 1 et un produisant 1, et vous n'aurez plus qu'un ensemble de 14. Ce sera un déficit pour la collectivité ainsi que pour la réunion des efforts et des résultats nécessaires à l'harmonie universelle.

Tout cela peut s'écrire et se démontrer algébriquement ; pour ceux de mes lecteurs qui sont familiers avec la précision des formules, je donne ci-après la série des transformations.

Posons :

$$\frac{a.a^2.a^3.a^4.a^5.....}{b.b^2.b^3.b^4.b^5.....} = \frac{A^{15}}{B^{15}} = R = 1.$$

Dans cette expression, les efforts a sont inégaux entre eux et vont en croissant, comme les résultats b qui vont dans le même sens. C'est le droit de vivre proportionné à la faculté de produire.

Mais il peut se faire que l'on constate :

$$\frac{a^5.a^4.a^3.a^2.a}{b.b^2.b^3.b^4.b^5} = \frac{A^{15}}{B^{15}} = R = 1,$$

C'est-à-dire que l'effort individuel a^5 ne corresponde qu'à un résultat : b... et ainsi des autres.

Cependant la combinaison des efforts et des résultats collectifs aura produit, quand même, l'équilibre vital pour la collectivité.

Or, ce que le socialisme veut pouvoir écrire, c'est :

$$\frac{a.a^2.a^3.a^4.a^5}{b.b^3.b^3.b^3.b^3} = \frac{A^{15}}{B^{15}} = R = 1,$$

Ce qui signifie que les efforts (a) pourront demeurer inégaux, mais que les résultats (b) auront été *égalisés*.

Passant maintenant aux *expressions numériques* qu'il conviendra de donner aux efforts et aux résultats, pour que $R = 1$, je vais essayer, tout d'abord, d'appliquer la mesure marxiste.

D'après les dénaturateurs de la pensée du socialiste allemand, voici ce qui se passerait :

15 millions de travailleurs, travaillant 10 heures par jour pendant 300 jours (machinisme compris), ont fabriqué, créé, extrait *tout ce qui est nécessaire ou utile ou agréable* aux besoins annuels de la collectivité,

J'appelle ce total : 225 milliards de *kilogrammes* de *choses* (afin d'avoir une quantité calculable), lesquelles, par le temps employé à les produire, « valent 45 milliards » d'heures.

D'où, pour chacun, une capacité d'échange égale à 5 kilog. contre une heure de travail.

Quant à l'*avoir social* de chaque travailleur, il est représenté par 3.000 heures, lui donnant droit à prendre dans les dépôts sociaux 15.000 kilog. de *choses*.

Je suis un des travailleurs et *je trouve* (ce dont je suis bon juge) que mon avoir social est inférieur à mes besoins ; qu'il me faut pour les satisfaire, 87.600 kilogr. de choses.

D'après le tarif marxiste ces 87.600 kilog. valent 17.520 *heures de travail* ; soit 2 fois 365 journées de 24 heures ! deux ans, jour et nuit ! Voilà le travail qu'il me faudra fournir si par hasard la satisfaction de ma vie exige : $\frac{87600\,a}{87600\,b} = 1$,

A ce prix, ce ne serait plus ma vie que j'entretiendrais, *c'est de la mort que j'achèterais* ! Je sais bien que les marxistes, abusant d'une phrase de

Marx, ont divisé le travail en *travail supérieur* et en *travail inférieur*, l'unité du premier valant plusieurs unités du second.

Mais à quel signe reconnaîtra-t-on le travail supérieur?

Rude problème !

J'entends bien ! la science, le génie, etc...

Mais, pardon ! Marx, lui-même, a déclaré que la *valeur-prix* ne naissait qu'au moment de l'échange ; à quoi reconnaîtra-t-on, *à priori*, que tel échange est un échange de génie, et tel autre un échange d'idiot ?

Prenons garde ! nous allons confondre la nature de l'effort avec le produit de l'effort ! Nous glissons tout doucement vers les origines supérieures !

Je vois venir *Jehovah* mandatant les lévites et donnant le droit régalien, dont parle la *Bible* ; et, bientôt, le parasitisme régnera de nouveau ! et, ô dérision ! ce sera au nom du socialisme !

Marx s'est bien gardé de s'aventurer dans les détails.

Il a écrit simplement :

« Le travail supérieur n'est que du travail sim-« ple multiplié. » — Et le travail simple :

C'est « la dépense de la force simple que tout « homme ordinaire, sans éducation spéciale, pos-« sède dans son organisme ; » et, plus loin, il ajoute : « une journée de travail supérieur ou com-« pliqué vaudrait, par exemple, deux journées de « travail simple » (*Le Capital*, trad. Deville, p. 71).

Il est visible que Marx n'a voulu donner là qu'un moyen de mesurer les répartitions intérieures entre collaborateurs dans un même genre de travail usinier.

Mais *tout travail n'est pas usinier;* pas plus que tout produit !

Marx n'a donc jamais eu la prétention d'étendre sa formulation à la mesure de la capacité générale d'acquérir, parmi la masse des échanges sociaux.

C'est, pourtant, ce qu'ont fait ses disciples.

« La monnaie sera supprimée, dit l'un d'eux.

« La société achètera le travail et vendra les « produits.

« Chaque travailleur posséderait deux livrets.

« L'un mentionnera les heures de travail qu'il « devra faire, et les heures qu'il aura faites : dé- « bit et crédit.

« L'autre sa part sociale et ses dépenses : cré- « dit et débit » (Henri Brissac, *Revue socialiste*, octobre 1891, page 455).

Or, en ce qui concerne la *part sociale*, je viens de démontrer que le système de l'*heure monnaie* aboutit au rationnement, et, à défaut, engendre de véritables impossibilités.

En ce qui concerne les relations entre le travail et la satisfaction du premier besoin vital : la *réfection,* j'ai démontré, par l'exemple de la capacité variable des *heures agricoles*, l'impossibilité d'établir une *mesure commune* ayant pour base le *temps de travail.*

Ayant ainsi, une fois de plus, constaté l'antagonisme des choses en matière de production et de consommation, il faut bien en revenir aux égalisations conventionnelles, et demander à la *science socialiste* de faire prévaloir la volonté collective sur les résistances opposées par les conditions des choses.

Remarquant, alors, que, dans les besoins humains, il y a une sorte de progression automatique.

Qu'en effet : sans *réfection*, il est impossible de songer à la *création*, et encore moins, à la *perfection* ;

Que la réfection comprend précisément toutes les productions dont les variations sont les plus indépendantes de la volonté collective.

La logique scientifique devait, forcément, conclure que c'est à la *réfection* qu'il fallait donner, d'abord, une mesure fixe.

Or comme dans la réfection réside « cette force « simple que tout homme ordinaire, sans éduca-« tion spéciale possède dans son organisme » et que Marx prétend mesurer à l'heure, ainsi que nous venons de le voir plus haut, si nous lui donnons une *expression* fixe, nous aurons du même coup fixé la base du *coût* général des choses.

Une convention sociale décidera donc que cette *expression* sera *mille* pour chaque individu.

Mille n'est choisi que parce que ce nombre est capable d'une *divisibilité* suffisante pour correspondre à la quantité éventuelle des objets nécessaires à la réfection.

La même convention décidera que chaque individu sera pourvu annuellement de *symboles* identiques entre eux et dont le nombre s'élèvera à mille.

Appelons *jeton* ce symbole et limitons à une année la validité de son usage. Supposons maintenant que le nombre des travailleurs composant une collectivité s'élève à 15 millions ; il y aura donc 15 milliards de *jetons*.

Admettons encore que, sur les 15 millions, 3 millions se consacrent à produire les éléments de la *réfection*, et 12 millions à créer tous les autres produits.

Il en adviendra que 3 millions d'efforts satisferont à 15 millions de résultats, en ce qui concerne la *réfection, besoin primordial ;* et que 12 millions d'efforts satisferont à 15 millions de résultats, en ce qui concerne les *autres produits*.

Tous les efforts réunis composant la vie sociale, soit :

$$\frac{3}{15} + \frac{12}{15} = \frac{15}{15} = 1.$$

Voilà comment se présente la formule *au point de vue collectif*.

Il ne faut point s'étonner de la disparition des symboles alphabétiques, dans l'équation précédente.

Nous n'en sommes plus à généraliser, mais au contraire nous cherchons à spécialiser.

De telle sorte que les nombres, composant le numérateur et le dénominateur des fractions ci-dessus transcrites, sont des expressions absolues, alors même que le point de départ, duquel elles dérivent, a été établi sur des *conventions* nées de l'accord des volontés.

Si les $\frac{15}{15} = 1$, représentent la vie totale d'une collectivité constituée en nation, les deux fractions dont se compose le total $\frac{15}{15}$ signifient : que $\frac{3}{15}$ de sa vibration humaine, sont entretenus par la production agricole, et $\frac{12}{15}$ par la production industrielle, résumant toutes les autres branches du travail « national ».

Il faut maintenant arriver à donner une expression égale aux deux numérateurs 3 et 12, afin que les échanges dont ils seront les moyens, soient *égalisés*, — ce qui est le but suprême de la formule socialiste — sans que, pour cela, soit aucunement modifié leur total : 15.

Comment donc faire pour égaliser $\frac{3}{15}$ à $\frac{12}{15}$, sans que leur total cesse d'être : $\frac{15}{15}$?

Je ne puis évidemment réduire 12 ; car si je le faisais, le total deviendrait inférieur à 15.

Mais si j'exécute la réduction en reportant aussitôt sur 3 ce que j'aurai enlevé à 12, alors j'aurai satisfait aux conditions du problème

En effet, si pour égaliser les deux fractions j'avais purement déduit 9 de 12, pour obtenir 3 j'aurais alors :

$$\frac{3}{15} + \frac{3}{15} = R = \frac{6}{15};$$

Dans ce cas R ne peut égaler 1, et le total de la vie collective éprouverait un déficit.

Cette façon arbitraire d'égaliser est le procédé ordinaire du système capitaliste.

Il rogne, mais il ne reporte pas.

C'est lui qui écrit que $R = \frac{6}{15}$; c'est lui qui accepte par conséquent la permanence des *déficits de vivre*, au milieu de l'*abondance des choses*.

Mais le socialisme n'agit point ainsi.

Ce qu'il déduit d'une masse, il le reporte sur l'autre ; non pas en *décroissance* des *satisfactions*, mais en *égausation* des *moyens*.

Et dès lors c'est lui qui écrit que l'expression :

$$\frac{3}{15} + \frac{12}{15} = \frac{15}{15} \text{ peut devenir } \frac{7.1/2}{15} + \frac{7.1/2}{15} = \frac{15}{15}.$$

et dans la pratique c'est cette seconde équation qu'il veut faire servir à la prospérité des nations.

Nous pouvons maintenant reprendre l'hypothèse à laquelle nous avions mis la f rmule marxiste, à savoir que les 15 millions de travailleurs ont produit 225 milliards kilogs *de choses*, et supposer, — arbitrairement, cette fois, mais sans aucun danger pour nos conclusions — que les choses aient été ainsi réparties :

Pour les besoins réfection . .	75	milliards kilogs.
Pour les besoins autres. . .	150	» »
Total	225	milliards kilogs.

Le coût des 75 milliards de kilog. *réfection* se compose donc : de trois millions de fois la provision de mille jetons attribuée à chaque travailleur ; soit 3 milliards.

Le coût des 150 milliards kilog. *d'autres produits* se compose de 12 millions de fois la provision de mille jetons attribuée à chacun des travailleurs, soit 12 milliards.

Il faut ouvrir, ici, une *parenthèse* :

Pour la *production-réfection* j'ai éliminé l'*outillage et la terre*. La terre n'a, en socialisme, aucune valeur ; l'outillage est le *résultat d'un effort* ; mais cet effort se trouve compris dans la masse de ceux ayant créé les *autres produits*.

De même, *pour ces derniers* j'ai éliminé les matières et l'outillage, qui, également représentent des *efforts compris dans la masse des autres*.

Toutefois il sera utile de les rétablir dans les répartitions subdivisionnaires ; mais en calculant, en masse, leur élimination ne trouble en aucune façon les résultats.

Je ferme la parenthèse.

Donc 75 milliards de kilog. ont coûté 3 milliards et 150 milliards de kilog. ont coûté 12 milliards, les 75 milliards fournissent 5.000 k^{os} par tête et les 150 milliards fournissent 10.000 k^{os} par tête.

Cela étant les 3 millions de *producteurs-réfection* (leur consommation personnelle étant prélevée), n'ont à livrer que 60 *milliards de kilog* ; et les 12 millions d'*autres producteurs* n'ont à livrer (dans les mêmes conditions), que 30 milliards de kilog. Ce sont seulement ces 90 milliards de kilog. qui doivent être échangés au moyen des 15 milliards de jetons distribués, puisque *les consommations réciproques ont été prélevées.*

Il est clair que les 60 *milliards de kilog. réfection* seront payés 12 milliards, par les 12 millions de producteurs divers ; et que les 30 *milliards de kilog. produits divers* seront payés 3 milliards par les *producteurs réfection.*

Voilà le prix des choses arrêté : 100 kilog. de produits réfection valent 20 jetons, 100 kilog. de produits divers valent 10 jetons.

Voilà, du même coup, satisfaite la formule :

$$\frac{7\ 1/2}{15} + \frac{7\ 1/2}{15} = \frac{15}{15} = 1,$$

que j'ai posée tout à l'heure.

En effet : les 75 milliards de kilogs, réfection payés à raison de 20 jetons les 100 kilogs ont représenté : 15 milliards ; et les 150 milliards kilogs, d'autres produits à raison de 10 jetons les 100 kilogs ont été payés aussi 15 milliards, au total 30 milliards : nous avons donc :

$\frac{15}{30} + \frac{15}{30} = \frac{30}{30}$ ou en simplifiant

$$\frac{7\,1/2}{15} + \frac{7\,1/2}{15} = \frac{15}{15} = 1.$$

Remarquons d'autre part :

Que chaque travailleur a reçu :

En *réfection*	1000
En *produits divers*.	1000
En *jetons*	1000
Total.	3000

ou en généralisant pour la *collectivité* :

En *réfection*	15	milliards.
En *produits divers* . . .	15	—
En *jetons*	15	—
Total	45	milliards.

Ce qui confirme la règle que j'ai ailleurs développée, à savoir :

« Que l'unité de monnaie satisfait toujours le « *triple d'utilités échangées* ».

On peut faire les mêmes opérations sur chacune des divisions que j'ai adoptées, aussi bien que sur chacune de leurs nombreuses subdivisions.

On obtiendra, ainsi, le *prix* des *diverses choses* groupées dans la *réfection*, et celui des différents objets groupés sous la rubrique *création*, ou produits divers.

Mais comme on aura toujours été obligé d'observer la limite imposée par : *le nombre des jetons*, *celui des travailleurs*, et la *quantité des choses produites*, l'équilibre sera toujours obtenu, et le *prix* total des *besoins* correspondra toujours à la *quantité des moyens*, QUELLES QUE SOIENT LES QUANTITÉS DE TRAVAIL ET DE TEMPS CONTENUES DANS CHAQUE CHOSE ÉCHANGÉE ; ce qui est l'équilibre complet de $\frac{A}{B} = 1$ dont j'ai expliqué les termes quelques pages plus haut.

Je puis, d'ailleurs, généraliser dans une formule algébrique tous les raisonnements que je viens de développer :

J'appelle M le nombre des travailleurs se livrant aux travaux de *réfection*.

J'appelle N le nombre des travailleurs se consacrant aux divers produits de *création*.

J'appelle D le total des jetons conventionnellement mis en circulation.

J'appelle E la *quantité* des *produits réfection*.

J'appelle K la quantité des *produits création*.

En désignant par P *le prix de l'unité de chose* appartenant à la *réfection*, et P' *le prix de l'unité d'objet* appartenant à la *création*, j'obtions la formule que voici :

$$\frac{N \times \left(\frac{D}{M+N}\right)}{E - \left(M \times \frac{E}{M+N}\right)} = P$$

Laquelle après réduction, par élimination des termes communs, aboutit directement à : $\frac{D}{E} = P$.

qui signifie que : *le prix est le rapport du nombre des jetons à la quantité des produits.*

Seulement si j'avais dit cela, tout d'abord, sans passer par les expressions conservant la trace des différentes opérations et des divers raisonnements, il est presque certain que je n'aurais pas été compris.

J'obtiens, de même, pour P′ la formule suivante :

$$\frac{M \times \left(\frac{D}{M+N}\right)}{K - \left(N \times \frac{K}{N+M}\right)} = P'$$

qui soumise, comme la précédente, aux réductions et éliminations habituelles, devient : $\frac{D}{K} = P'$.

Je ne crois pas avoir à expliquer que l'on peut multiplier les séries d'objets ;

Subdiviser E en e' e'' e''' etc., et, aussi, K en k' k'' k''' etc...

Rien ne sera changé à l'équilibre final, parce que on sera toujours obligé d'écrire :

$$\frac{D}{E + E' + E'' + E'''... + K + K' + K'' + K'''...}$$

Ce qui signifie que toute valeur subdivisionnaire rentre dans sa catégorie, et sa catégorie dans le total produit, pour servir de diviseur au dividende fixe qui est représenté par le nombre des jetons.

Dois-je maintenant me livrer à la démonstration que la formule n'oppose aucun obstacle à ce que les échanges se traduisent de mille façons différentes ; que, par exemple, tel individu trouvant, *pour son tempérament*, trop de *réfection* dans *mille*, reporte une partie de ses jetons sur les échanges de la catégorie *création*.

Ce sera une conséquence de la variété des goûts.

Or, la variété des goûts ne peut qu'activer la variété des échanges, et démontrer, une fois de plus, que *l'inégalité des facultés individuelles est une condition fondamentale de l'égalité des échanges, parce que deux facultés, comme deux quantités égales entre elles n'ont rien à échanger*.

Ainsi serait favorisé le stimulant *personnel*, que, faute d'avoir su déterminer le point où l'expansion individuelle peut devenir nuisible au bien-être collectif, la méthode marxiste tend à étouffer sous la désespérante uniformité de ses réglementations dictatoriales.

On peut donc concevoir, maintenant, comment un stimulant individuel pourra inspirer la création d'une utilité nouvelle ; et en doter la collectivité.

Je rappellerai, à ce propos, l'exemple que j'ai donné plus haut, lorsque, plaçant un besoin de 87.600 kilogs de choses en face de la tarification *heure de travail*, j'ai dû constater la nécessité d'un travail irréalisable, par conséquent impossible.

Avec la mesure conventionnelle et fixe établie par les formules précédentes, rien de pareil.

A toute utilité nouvelle correspondra une unité d'échange — le jeton — puisée dans une *réserve* conventionnellement créée.

Le nombre de jetons qui s'offrira au créateur de la nouvelle utilité, en fixera immédiatement la valeur et appliquera aussitôt la formule, satisfaisant ainsi, à la fois, et les besoins exceptionnels de l'individu, et les goûts de la collectivité, sans fausser aucune valeur déjà établie.

Et, dans ce cas, si, comme Marx le veut, justement, la valeur n'aura pris naissance qu'au moment de l'échange, en revanche cette valeur aura trouvé dans une réserve de jetons qui peut toujours se concevoir, la mesure qu'elle n'aurait pu découvrir dans une *réserve d'heures de travail*, impossible à réaliser.

En résumé :

J'ai démontré que la valeur est un rapport; que ce rapport est celui de l'effort au résultat.

Qu'il est égal à l'unité.

Qu'ainsi, seulement, il peut satisfaire *la vie*.

Qu'il n'y a pas de valeur intrinsèque.

Qu'il n'y a pas de mesure absolue.

Qu'il n'y a aucune logique soutenable à mettre le temps écoulé, pris comme *étalon de la valeur*, en comparaison avec le temps qui s'écoulera pris comme *étalon du travail*, et réciproquement.

Que si l'on calcule la *valeur*, d'après la nature des choses, la collectivité se trouve fatalement repoussée vers la servitude, parce que, alors, au lieu que ce soit l'homme qui régisse, administre, et consomme les choses, ce seraient les choses qui consommeraient et asserviraient l'homme.

Que des conventions sociales peuvent seules déterminer, *non le rapport*, mais la *numération* réciproque de l'effort (A) et du résultat (B), satisfaire la *réfection*, alimenter la *création* et conduire à la *perfection*.

Que la production des choses concernant spécialement la réfection, exige des conditions d'espace, de climat, et de temps, qui échappent, quant à présent, à la domination de l'homme et l'obligent à recourir à des *conventions* qui sont *sociales* pour une *même collectivité*, et qui seraient *internationales* pour les *collectivités mondiales* ;

Que les zones économiques sont indépendantes des frontières politiques ;

Que Marx n'a point prévu l'internationalisme économique en émettant sa théorie de la valeur, puisque, lui-même ne la déclare vraie *que pour un milieu donné* (page 71 trad. Deville).

Qu'enfin si désirable que soit la réalisation des

aspirations internationalistes, cette réalisation ne saurait s'accomplir que le jour où, après avoir mesuré la productivité de chaque zone géographique et climatérique, au point de vue de la *quantité* des matières alimentaires ;

Après avoir installé la gratuité absolue de tous les transports dans l'univers ;

Une convention mondiale aurait consenti à prendre, comme étalon de la valeur, non pas l'*heure de travail*, mais le *jeton-monétaire*, celui-ci étant, bien entendu, dépouillé de *toute valeur intrinsèque*, quelle que soit la matière employée à sa fabrication.

J'ajoute, en terminant, que si le socialisme a été forcé, par l'internationalisme capitaliste, de recourir à l'internationalisme révolutionnaire, pour triompher du capital, le souci de maintenir son triomphe lui imposera, tout d'abord, une réorganisation basée sur le *particularisme collectiviste*, lequel, tout en pratiquant la fraternité internationale, ne sera pas moins contraint, *scientifiquement*, à considérer les nations comme les *zones économiques*, constituées et différenciées par la grandeur des espaces occupés, le nombre de leurs habitants, les conditions du climat ; jusqu'au moment où l'Europe, puis l'univers, incessamment sillonnés par la science, auront eu le temps d'être convertis à l'*unification*, grâce aux efforts du *progrès*, ce marcheur éternel !

TABLE DES MATIÈRES

LAVAL. — IMPRIMERIE L. BARNÉOUD & Cie.

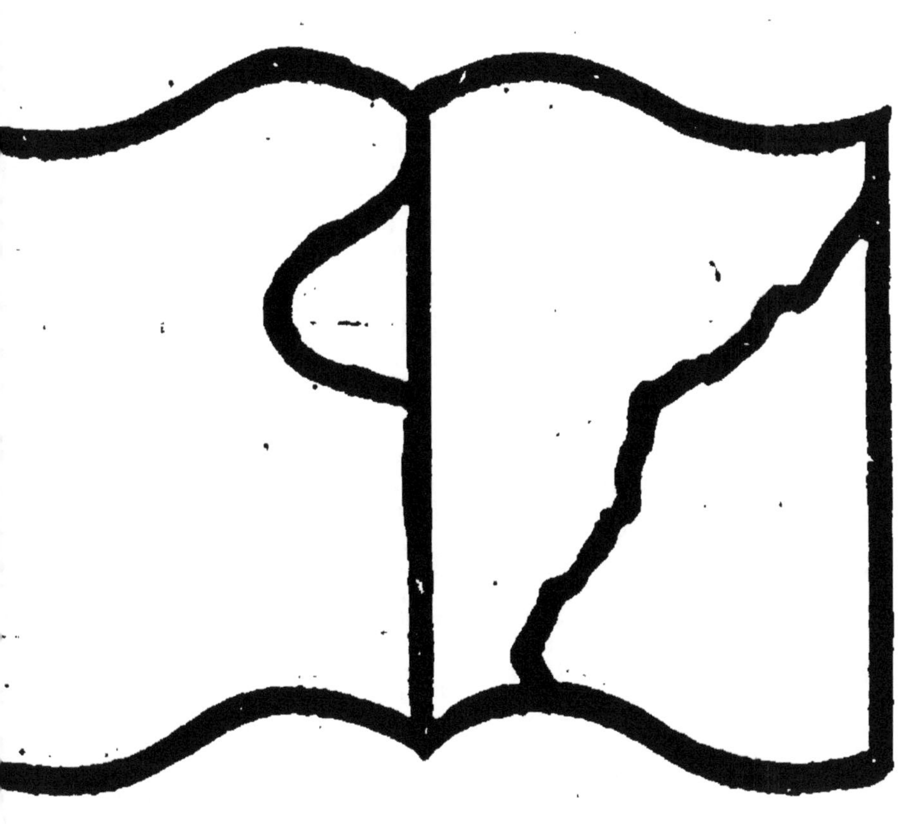

Texte détérioré — reliure défectueuse

NF Z 43-120-11

BIBLIOTHÈQUE SOCIOLOGIQUE INTERNATION

Publiée sous la direction de M. RENÉ WORMS
Secrétaire Général de l'Institut International de Sociologie
Cette collection se compose de volumes in-8°, reliure souple (1)

ONT PARU :

I. **WORMS** (René) ; *Organisme et Société*, 1896.................. 8
II. **LILIENFELD** (Paul de), ancien président de l'Institut Internati Sociologie : *La pathologie sociale*, 1896..........................
III. **NITTI** (Francesco S.), professeur à l'Université de Naples, mem l'Institut international de Sociologie : *La population et le systèm* 1897..
IV. **POSADA** (Adolfo), professeur à l'Université d'Oviedo : *Théories nes sur les origines de la famille, de la société et de l'Etat*...
V. **BALICKI** (Sigismond), associé de l'Institut international de Soci *L'Etat comme organisation coercitive de la société polit.*, 1896.
VI. **NOVICOW** (Jacques), membre et ancien vice-président de l'Ins ternational de Sociologie : *Conscience et volonté sociales*.....
VII. **GIDDINGS** (Franklin H.), professeur à l'Université de Colombi York) : *Principes de Sociologie*, 1897..........................
VIII. **LORIA** (Achille), professeur à l'Université de Padoue : *Problèmes contemporains*, 1897..
IX-X. **VIGNES** (Maurice), chargé du cours d'économie politique à l'Un de Grenoble : *La science sociale d'après les principes de Le Play continuateurs*, 2 volumes, 1897.............................. 2
XI. **VACCARO** (M.-A.), membre de l'Institut international de Soci *Les bases sociologiques du droit et de l'Etat*, 1898............. 1
XII. **GUMPLOWICZ** (Louis), professeur à l'Université de Graz : *Soci politique*, 1898...
XIII. **SIGHELE** (Scipio), agrégé à l'Université de Pise : *Psychologie des* 1898...
XIV. **TARDE** (G.), membre de l'Institut international de Sociologie : *de psychologie sociale*, 1898..
XV. **KOVALEWSKY** (Maxime), ancien professeur à l'Université de *Le régime économique de la Russie*, 1898. ....
XVI. **STARCKE** (C. N.), privat-docent à l'Université de Copenhague *mille dans les différentes sociétés*, 1899.........................
XVII. **GRASSERIE** (R. de la), associé de l'Institut international de Soc *Des religions comparées au point de vue sociologique*, 1899.....
XVIII. **BALDWIN** (J.-M.), professeur à l'Université de Princetown : *I tation sociale et morale des principes du développement mental.* E psycho-sociologie, 1899.. 1
XIX. **DUPRAT** (G.-L.), professeur de philosophie : *Science sociale et D lie*. Essai de philosophie sociale, 1900...............................
XX. **LAPLAIGNE** (H.), membre de la Société de Sociologie de Pa *morale d'un Egoïste*. Essai de morale sociale, 1900..............
XXI. **LOURBET** (J.), membre de la Société de Sociologie de Paris : *blème des Sexes*, 1900..
XXII. **BOMBARD** (Colonel), *La marche de l'Humanité et les Grands d'après la doctrine positive*, 1900...................................
XXIII. **GRASSERIE** (R. de la), associé de l'Institut international de Sc *Les principes sociologiques de la Criminologie*, avec une pré C. Lombroso, 1901.. 1
XXIV. **POUZOL** (Abel) : *La Recherche de la Paternité*.................. 1
XXV. **BAUER** (Arthur) : *Les Classes Sociales*...........................
XXVI. **LETOURNEAU** (Ch.), membre de l'Institut International de Soc *La Condition de la Femme dans les diverses races et civilisations.* 1
XXVII. **WORMS** (René). *Philosophie des sciences sociales* : I, Objet des sociales...
XXIX. **WORMS** (René). *Philosophie des sciences sociales* : II, La Méthode
XXX. **RIGNANO** (E.) : *Un Socialisme en harmonie avec la doctrine éco libérale*...

www.ingramcontent.com/pod-product-compliance
Ingram Content Group UK Ltd.
Pitfield, Milton Keynes, MK11 3LW, UK
UKHW020239220726
13923UKWH00002B/738